ORA
DE 3 MINUTOS
para mujeres

© 2021 por Barbour Publishing, Inc.

ISBN 978-1-63609-006-1

Título en inglés: *3-Minute Prayers for Women*.
© 2019 por Barbour Publishing, Inc.

Desarrollo editorial: Semantics, Inc. Semantics01@comcast.net

Publicado por Barbour Español, un sello de Barbour Publishing, Inc., 1810 Barbour Drive, Uhrichsville, Ohio 44683.

Nuestra misión es inspirar al mundo con el mensaje transformador de la Biblia.

 Member of the
Evangelical Christian
Publishers Association

Impreso en Estados Unidos de América.

ORACIONES DE 3 MINUTOS

para mujeres

Linda Hang

BARBOUR
PUBLISHING

Introducción

Estas oraciones son especialmente para esos días en los que estás cansada por el ajetreo de la vida cotidiana y tu alma anhela un tiempo tranquilo de reposo en la reconfortante presencia del Creador celestial. Tres minutos de tu ajetreado día es todo lo que necesitarás para llenar tu copa de fuerzas para afrontar el camino de la vida.

- Minuto 1. Lee y reflexiona sobre la Palabra de Dios.

- Minuto 2. Ora, utilizando la oración que se te proporciona para iniciar una conversación con Dios.

- Minuto 3. Reflexiona con una pregunta que te ayuda a profundizar.

Aunque este libro no está concebido como una herramienta para el estudio a fondo de la Biblia, cada conmovedora oración puede ser crucial para mantenerte con los pies en la tierra y centrada en Aquel que escucha todas tus oraciones. Que este libro te recuerde que el Padre celestial se preocupa por todo lo que tengas que decir. Adelante... habla con él hoy. Él está listo y esperando oírte.

La oración es lo primero

Muy de madrugada, cuando todavía estaba oscuro,
Jesús se levantó, salió de la casa y se fue a un lugar solitario,
donde se puso a orar.

MARCOS 1.35

Algunos días, incluso antes de salir de la cama, mi mente entra en un torbellino de planes, listas de tareas, preocupaciones... pero me olvido de acudir a ti, mi Padre celestial. Intento vivir la vida por mi cuenta, olvidando que tú has prometido caminar por este mundo a mi lado, compartiendo mis cargas y ofreciendo tu sabiduría y fuerza cuando las mías fallen. Aunque solo sean cinco minutos de rodillas, antes de salir de la cama, haz que mi prioridad sea pasar tiempo contigo. Que siga el ejemplo de Jesús de anteponer la oración a cualquier otra actividad del día. Amén.

REFLEXIONA:

¿Apartas tiempo para la oración de la misma manera que lo haces para otras actividades —hacer ejercicio, arreglarte el cabello o maquillarte, mirar las redes sociales— en tu rutina matutina?

Descanso para las almas

*Vengan a mí todos ustedes que están cansados y agobiados,
y yo les daré descanso. Carguen con mi yugo y aprendan
de mí, pues yo soy apacible y humilde de corazón,
y encontrarán descanso para su alma.*

MATEO 11.28-29

Tú eres mi liberación, mi rescate, mi salvación. Gracias, Señor, por ofrecernos un camino de vuelta a ti. Todos hemos caído en la injusticia, pero a través del don de la vida de tu Hijo, podemos encontrar descanso para nuestras almas. Ya no hay que esforzarse por vivir una vida perfecta... y fracasar. Ya no hay que esperar a ser lo suficientemente buenos y darnos cuenta de que no lo somos. Por tu incomprensible amor, nos convertimos en hijos del Altísimo. La justicia de Cristo es nuestra; su yugo es ligero. Con mi corazón rebosante de gratitud, ayúdame a compartir tu amor con los demás. Amén.

REFLEXIONA:

¿Cómo vas a encontrar hoy descanso en el don de la gracia de Dios?

Aquí por ahora

. . . .

Allí Isaac construyó un altar e invocó el nombre del Señor.
Acampó en ese lugar, y sus siervos cavaron un pozo.
GÉNESIS 26.25

Padre, si hay una palabra para describir esta vida, podría ser *efímera*. La gente va y viene. Nos movemos de aquí para allá. Incluso nuestras emociones cambian de un día para otro. Pero tú, Señor, nunca cambiarás. Isaac construyó un altar —un recordatorio perdurable de ti— y montó su tienda —una marca de una vida transitoria—. A medida que avanzo en mi vida, ayúdame a construir mi fe. Ayuda a que mi devoción por ti se convierta en el único punto estable en un mundo cambiante. Las palabras del apóstol Pablo resuenan en mi mente: «este mundo, en su forma actual, está por desaparecer» (1 Corintios 7.31). Que no me aferre a las cosas terrenales, sino que esté dispuesta a seguir tu mandato. Amén.

. . . .

REFLEXIONA:

¿Tu seguridad y tu propósito provienen de una mirada fija en Dios o en la creación de un nido terrenal?

Quieta para reconocer

....

Quédense quietos, reconozcan que yo soy Dios. ¡Yo seré exaltado entre las naciones ¡Yo seré enaltecido en la tierra!

SALMOS 46.10

Estate tranquila. Una llamada a calmar mi mente inquieta, a hacer una pausa en mis interminables búsquedas. *Reconozco que tú eres Dios.* Tú eres todopoderoso. Tú eres el Señor. Ocurra lo que ocurra hoy en el mundo, Padre, puedo estar tranquila y disfrutar del conocimiento de que el Dios que creó y controla el universo también reside en mi corazón. Y tus planes no se verán alterados, ni siquiera cuando mis temores me sacuden de lleno. Ahonda mi confianza, Padre; lleva el conocimiento de mi cabeza a mi corazón para que pueda sentir tu presencia en mi vida, para estar tranquila y saber que tú eres Dios. Amén.

....

REFLEXIONA:

¿Detenerte a reflexionar sobre la omnipotencia de Dios te aporta una sensación de paz a pesar de las duras circunstancias del mundo o de tu vida?

"Algún día vendrá mi príncipe"

*Porque nos ha nacido un niño, se nos ha concedido un hijo;
la soberanía reposará sobre sus hombros, y se le darán estos
nombres: Consejero admirable, Dios fuerte, Padre eterno,
Príncipe de paz.*

ISAÍAS 9.6

Señor Jesús, ¿cuántas historias se basan en un joven príncipe que rescata a una bella dama? La buena noticia es que no tenemos que esperar a que el Príncipe Azul nos aleje del mal. Un príncipe aún más grande ya ha venido. Como nuestro Salvador, nuestro Redentor, llegaste a la tierra en forma de bebé para salvarnos de la muerte. Eres sabio más allá de lo que los humanos pueden comprender. Eres poderoso para cumplir tu voluntad. Derramas tu amor sobre nosotros como nuestro Padre celestial. Tú traes la paz. Algún día es ahora cuando elegimos seguirte. Amén.

REFLEXIONA:

¿Qué significa para ti cada uno de los títulos de Cristo en tu vida?

La buena porción

· ·

*—Marta, Marta —le contestó Jesús—, estás inquieta
y preocupada por muchas cosas, pero solo una es necesaria.
María ha escogido la mejor, y nadie se la quitará.*

<small>LUCAS 10.41-42</small>

Padre, ¡cuántas veces debes llamarme como lo hiciste con Marta! Cuando mis ansiosos pensamientos dan vueltas en mi cabeza... Cuando me preocupa todo lo que me depara el día... Quiero oírte decir mi nombre, no como una reprimenda, sino con ternura. Anhelas que elija la única cosa necesaria: la relación contigo. Que cada día me siente a tus pies y absorba tus palabras. Que mi atención se centre primero en ti, mientras todo lo demás pasa a un segundo plano. Recuérdame, Padre, que lo que invierto en ti no me lo quitarán. Amén.

· ·

REFLEXIONA:

¿Te identificas más con Marta o con María, te lamentas o te centras en la fe?

¡Quiero tu don!

* * * * * * * * * * * * * * * * * * *

Si todo el cuerpo fuera ojo, ¿qué sería del oído? Si todo el cuerpo fuera oído, ¿qué sería del olfato? En realidad, Dios colocó cada miembro del cuerpo como mejor le pareció.

1 CORINTIOS 12.17-18

Padre, los cristianos son las manos y los pies, los ojos y los oídos, los miembros del cuerpo de Cristo, cada uno diseñado perfectamente para difundir tu gloria. En tu sabiduría, me has dotado de maneras específicas e intencionales. A veces lucho con la satisfacción, deseando tener un don diferente. Perdona mis celos, Padre. Ayúdame a reconocer mi lugar. Ayúdame a regocijarme en el yo que has creado. Solo yo puedo desempeñar el papel que tú me has asignado. Y solo puedo florecer en mi rol a través de ti. Amén.

* * * * * * * * * * * * * * * * * * *

REFLEXIONA:

¿De qué manera puedes apreciar y utilizar los dones espirituales que Dios te ha concedido con bondad y propósito?

Ruta de escape

. . . .

*Ustedes no han sufrido ninguna tentación que no sea común
al género humano. Pero Dios es fiel, y no permitirá que ustedes
sean tentados más allá de lo que puedan aguantar.
Más bien, cuando llegue la tentación, él les dará
también una salida a fin de que puedan resistir.*

1 CORINTIOS 10.13

Padre, a veces parece que lucho con las mismas tentaciones. Pero hay esperanza. He leído en tu Palabra que tú darás una salida. Abre mis ojos para ver la ruta de escape. Ayúdame mientras me aferro a tu mano. Eleva mi atención para que no se centre en la tentación, sino en ti. Quiero vivir una vida de victoria sobre el pecado. Sé que esto solo es posible a través de tu poder. Sola, fracasaré; junto a ti, venceré. Gracias por tu fidelidad. Amén.

. . . .

REFLEXIONA:

¿Cómo te animan las palabras de 1 Corintios 10.13 cuando te enfrentas a la tentación?

Enfoque láser

*—Ven —dijo Jesús. Pedro bajó de la barca y caminó
sobre el agua en dirección a Jesús. Pero, al sentir el viento fuerte,
tuvo miedo y comenzó a hundirse. Entonces gritó:
—¡Señor, sálvame!*

MATEO 14.29-30

Señor, en Pedro me veo a mí misma. En los días buenos me siento
segura, entrando en la vida con los ojos puestos en ti. Pero entonces
llega la tormenta. El viento comienza a soplar. Y mi mirada decae.
Aparto la mirada de ti, y de repente tengo miedo. ¡Qué alegría hay
en el resto del relato de Mateo! Pedro clama y tú te encargas de
él. Sé mi rescate en las tormentas. Pero más que eso, aumenta mi
fe para que no dude de tu presencia ni de tu poder para calmar el
viento. Que mis ojos estén siempre centrados en ti, Padre. Amén.

REFLEXIONA:

Como una bailarina que hace piruetas y siempre orienta su cabeza
hacia un único punto, ¿qué importancia tiene para los cristianos
permanecer centrados en Dios?

Sin beneficios

¿Quién de ustedes, por mucho que se preocupe,
puede añadir una sola hora al curso de su vida?

MATEO 6.27

Padre, muchas veces me acuerdo de este versículo en mi vida. Me preocupo —mucho— por algo, y el «problema» que espero se resuelve fácilmente o ni siquiera aparece. O algo más, algo que nunca hubiera sabido prever termina siendo un problema. Mi respuesta no es ser un manojo de nervios perpetuamente, con miedo a la vida y a lo que pueda agarrarme desprevenida. Necesito un recordatorio diario de la inutilidad de la preocupación, Padre. Tú me llamas a una vida de paz. Aunque mi mundo se desmorone, mi alma está a salvo contigo. Y tú prometes caminar conmigo igualmente entre escombros y por caminos despejados. Gracias por tu presencia. Amén.

REFLEXIONA:

¿La preocupación ha tenido alguna vez una influencia positiva o constructiva en una situación difícil de tu vida?

El cielo es un tesoro

. . . .

El reino de los cielos es como un tesoro escondido en un campo.
Cuando un hombre lo descubrió, lo volvió a esconder, y lleno
de alegría fue y vendió todo lo que tenía y compró ese campo.

MATEO 13.44

Señor, es tan fácil perder de vista el cielo. Me bombardean con todo lo que ofrece este mundo, y empiezo a construir mi «reino» en la tierra. Me olvido de que mi vida no termina aquí, sino que continúa para siempre contigo. ¿Estoy dispuesta a dejar todo lo que tengo —material y emocional— para obtener recompensas espirituales que están más allá de la comprensión? ¿Vale la pena la promesa del cielo? Sí. Fija mi corazón en ti, Padre. Llénalo con la alegría de aquel hombre que vendió todo para comprometerse con el tesoro que le espera. Amén.

. . . .

REFLEXIONA:

¿Cómo puedes desarrollar una actitud de corazón para ser «totalmente» para Cristo y su reino?

Oraciones del cielo

*Simón, Simón, mira que Satanás ha pedido zarandearlos
a ustedes como si fueran trigo. Pero yo he orado por ti,
para que no falle tu fe.*

LUCAS 22.31-32

Señor, este mundo está lleno de pruebas. Pruebas que refinan. Pruebas que me examinan, pero que al final me hacen más pura. Aunque Pedro fracasó al negarte, su fe sobrevivió. Me pregunto si, mirando hacia atrás, se sintió animado o reconfortado ante tu oración, al saber que el Dios que todo lo ve —que conocía de antemano las debilidades de Pedro— oró por la victoria de su fe. Mientras atravieso las pruebas de mi propia vida, intercede por mí, Señor. Necesito todo el apoyo posible. Muy a menudo soy como Pedro, fallando una y otra vez. Pero mi fe se mantiene. ¡Gloria a Dios, tengo un abogado en ti! Amén.

REFLEXIONA:

¿La idea de que Jesús esté a nuestro lado como abogado (1 Juan 2.1) te anima a vencer el pecado y a permanecer fiel?

Una pregunta importante

—Y ustedes, ¿quién dicen que soy yo?
—Tú eres el Cristo —afirmó Pedro.

MARCOS 8.29

Padre Celestial, de todas las preguntas de la Biblia, esta es una de las más importantes. ¿Quién es Jesús? Todos deben responder, y la respuesta significará la vida eterna o la muerte. ¿Qué digo que es Jesús? Jesús es el Hijo de Dios, tu Hijo. Vivió una vida perfecta en la tierra para morir por el pecado de la humanidad. Sin él, yo estaría separada eternamente de ti. Pero al arrepentirme de mi pecado y aceptar tu amoroso regalo de gracia y la justicia de Cristo, soy tu hija, destinada al cielo. Que mi respuesta a esta pregunta tan importante sea más que un hecho, Padre; que esté viva en mi corazón, así como tu Espíritu Santo está vivo en mi corazón. Gracias por Cristo. Amén.

REFLEXIONA:

¿Quién dices que es Jesús?

Permanecer

*Mi Padre es glorificado cuando ustedes dan mucho fruto
y muestran así que son mis discípulos. Así como el Padre
me ha amado a mí, también yo los he amado a ustedes.
Permanezcan en mi amor.*

JUAN 15.8-9

Padre Celestial, al ser tu Hijo, Jesús fue el modelo de obediencia
perfecta a ti. Aunque no puedo esperar ser perfecta, puedo seguir
el camino de la obediencia que siguió Jesús. Puedo hacer que tus
mandamientos sean el marco de mi vida. Al vivir bajo tus mandatos en obediencia, me pongo al abrigo de tu amor, habitando
y permaneciendo allí. No puedo hacerlo sola, Padre. Te pido un
corazón obediente. Te pido el poder del Espíritu Santo para resistir
la tentación de seguir mi propio camino. Me inclino ante tu sabiduría para saber qué es lo mejor para mí. Amén.

REFLEXIONA:

¿Cómo puedes mejorar tu obediencia a Dios y permanecer más
plenamente en su amor?

Propósito divino

· ·

Ahora, ponte en pie y escúchame. Me he aparecido a ti
con el fin de designarte siervo y testigo de lo que has visto
de mí y de lo que te voy a revelar. Te libraré de tu propio pueblo
y de los gentiles. Te envío a estos para que les abras los ojos
y se conviertan de las tinieblas a la luz.

HECHOS 26.16-18

Padre, cuando leo sobre la conversión de Pablo y su llamado a una vida de fe, no puedo evitar pensar que esto llega a ser el propósito de todos los creyentes. No puedo evitar enmarcar estas palabras en el contexto de mi vida. ¿Cómo puedo ser una sierva para los que me rodean, derramando tu amor y mostrando la atención en los demás que tenía Jesús cuando caminaba por esta tierra? ¿Cómo puedo dar un mejor testimonio a las innumerables almas perdidas, abriendo sus ojos para que pasen de la oscuridad a la luz de tu gracia salvadora? Muéstrame cómo, Padre. Amén.

· ·

REFLEXIONA:

¿Te has sentido llamada a ser servidora y testigo de la fe?

Demasiado profundo para expresarlo

· ·

Así mismo, en nuestra debilidad el Espíritu acude a ayudarnos.
No sabemos qué pedir, pero el Espíritu mismo intercede por
nosotros con gemidos que no pueden expresarse con palabras.

ROMANOS 8.26

Padre, esta vida terrenal puede ser abrumadora. El sufrimiento es abundante. Es difícil mantener la esperanza de un futuro brillante cuando el presente parece tan sombrío. A veces es incluso difícil poner en palabras el peso de lo que siento. Pero tu Espíritu Santo intercede por nosotros. Desde el cielo tú escuchas, y eres fiel. Tus planes se cumplirán. Tú mantienes tus promesas. Eres bueno, y deseas el mayor bien para tus hijos. Recuérdame tu amor, Padre. Cuando mis palabras fallen, deja que los gemidos del Espíritu sean mi voz. Tú los oirás alto y claro. Amén.

· ·

REFLEXIONA:

Cuando la oración es una lucha, ¿con qué frecuencia te sientas en silencio y dejas que el Espíritu Santo tome el control?

Templos vivientes

¿Acaso no saben que su cuerpo es templo del Espíritu Santo, quien está en ustedes y al que han recibido de parte de Dios? Ustedes no son sus propios dueños; fueron comprados por un precio. Por tanto, honren con su cuerpo a Dios.

1 CORINTIOS 6.19-20

Señor, la pureza es una palabra que los adolescentes suelen escuchar mucho en la iglesia, pero es igual de importante a medida que crecemos en nuestras vidas como mujeres de Dios. Jesús pagó el precio máximo para rescatarnos de la muerte. Tú eres el dueño de nuestros cuerpos, Señor, y deben ser usados para glorificarte y servirte. Pero nuestra cultura es sensual, como la de los corintios en la época de Pablo. Ayúdame a hacer de la pureza una prioridad. La pureza de la mente. La pureza del cuerpo. Ayúdame a vivir en contra de la corriente y de acuerdo con tu Palabra. Amén.

REFLEXIONA:

¿Cómo puedes glorificar a Dios con tu pureza, ya sea en la abstinencia como persona soltera o por la fidelidad en el matrimonio?

Acuéstate y duerme

. . . .

En paz me acuesto y me duermo,
porque solo tú, SEÑOR, me haces vivir confiado.

SALMOS 4.8

Padre, cuando no puedo conciliar el sueño, la noche se hace inter-minable. Mi mente llena el silencio pensando en los problemas. Llena la oscuridad con imágenes de un futuro incierto. Pero no tiene por qué ser así. El rey David conoció más caos y peligro, sin embargo confiaba en tu cuidado y conciliaba el sueño. No puede ocurrirme nada que tú no hayas previsto; puedo cerrar los ojos y descansar en tu voluntad. Cuando no pueda conciliar el sueño, que tus promesas de amor caigan sobre mí como las palabras de una canción de cuna. Deja que tu paz me rodee como una cálida frazada. Tú eres Dios. Tú eres bueno. Confío en tu cuidado y puedo conciliar el sueño. Amén.

. . . .

REFLEXIONA:

¿Qué versículos te dan una sensación de calma cuando tienes problemas para dormir?

Expectativas sagradas

. . . .

*¡Ya se te ha declarado lo que es bueno! Ya se te ha dicho
lo que de ti espera el SEÑOR: Practicar la justicia,
amar la misericordia, y humillarte ante tu Dios.*

MIQUEAS 6.8

La vida está llena de expectativas, Señor. Expectativas personales
sobre quién ser y qué lograr. Las expectativas de los demás. Qué
fácil es sentir que no estoy a la altura de las expectativas, especialmente como cristiana. ¿Soy *suficiente* para ti, Señor? Cuando
Satanás me haga dudar de mí misma, recuérdame tu deseo para
mi vida. Tú quieres algo más profundo que una muestra externa
de rectitud. Tú requieres un corazón dispuesto, un compromiso
para hacer tu voluntad. Todas las buenas obras fluyen de un corazón dedicado a ti. Que mi expectativa sea siempre permanecer
humildemente a tu lado. Amén.

. . . .

REFLEXIONA:

Cuando piensas en agradar a Dios, ¿tu mente se dirige primero al
comportamiento exterior o al estado de tu corazón?

Término medio

· ·

Aleja de mí la falsedad y la mentira; no me des pobreza ni
riquezas, sino solo el pan de cada día. Porque teniendo mucho,
podría desconocerte y decir: «¿Y quién es el SEÑOR?» Y teniendo
poco, podría llegar a robar y deshonrar así el nombre de mi Dios.

PROVERBIOS 30.8-9

Padre, ¿con qué frecuencia oro para pedir lo suficiente? No tan a
menudo como debería. Pero no oro por pobreza, he orado por algo
mejor. Por más. Ya sea más trabajo, más amigos o más seguridad...
Me olvido de que lo que tú provees es suficiente. No deseo tener
carencias, Padre, pero también sé que tener más que suficiente
puede llevarme a pasar por alto a Aquel que derrama la provisión
diaria sobre mí. Mantenme humildemente confiada en tu cuidado.
Sé tú mi suficiencia. Dirige este corazón hacia el gozo en lo «suficiente» que tú provees. Amén.

· ·

REFLEXIONA:

¿Las palabras de este proverbio te hacen replantearte tus peticiones a Dios?

Calcular el precio

* *

Supongamos que alguno de ustedes quiere construir una torre.
¿Acaso no se sienta primero a calcular el costo, para ver
si tiene suficiente dinero para terminarla?

LUCAS 14.28

Señor, ¡gracias por el don gratuito de la salvación! Pero recuérdame, Señor, que si bien la salvación es solo por la fe, la fe salvadora es más que una oración y continuar de la misma manera que antes. Requiere un compromiso total contigo, una entrega de mí misma por tu causa. Como discípula tuya, no debo albergar el pecado, sino venir a ti con un genuino arrepentimiento. No debo aferrarme a lo que ofrece esta tierra, sino centrar mi seguridad en lo que tú prometes. Debo estar dispuesta a seguir donde tú me guíes. ¿Imposible? A través de mis propios esfuerzos, sí; pero a través de la obra soberana de tu Espíritu Santo, ¡soy salva! Amén.

* *

REFLEXIONA:

¿Qué te puede costar el discipulado?

Pídelo

· ·

Si a alguno de ustedes le falta sabiduría, pídasela a Dios,
y él se la dará, pues Dios da a todos generosamente sin
menospreciar a nadie. Pero que pida con fe, sin dudar,
porque quien duda es como las olas del mar, agitadas
y llevadas de un lado a otro por el viento.

<small>SANTIAGO 1.5-6</small>

La sabiduría, Padre, puede ser escurridiza. ¿Cuál es tu voluntad para mi vida? ¿Cómo puedo manejar las pruebas que a este mundo le gusta tanto lanzarme? Mi falta de sabiduría me acerca cada vez más a ti. Tú tienes todas las respuestas porque has escrito la historia de mi vida. Hoy quiero pedirte sabiduría, Padre. Pero antes de hacerlo necesito un impulso de fe. En mi cabeza digo que confío en ti; por favor, destierra cualquier duda que resida en mi corazón. Haz que una mayor sabiduría comience por hacer que me dé cuenta de mi necesidad de ti en todas las cosas. Amén.

· ·

REFLEXIONA:

¿Alguna vez te encuentras pidiendo a Dios sabiduría, pero dudando?

Gloriarse en Dios

*Pero lejos esté de mí gloriarme, sino en la cruz
de nuestro Señor Jesucristo, por quien el mundo
me es crucificado a mí, y yo al mundo.*

GÁLATAS 6.14 RVR1960

Padre, es tan fácil centrarse en el éxito personal, incluso cuando te estoy sirviendo. Es tan fácil alegrarse de lo que he hecho individualmente, de lo que hemos hecho como iglesia, cuando en realidad todo el éxito viene de arriba. Mantennos humildes. Mantennos centrados en la cruz. Recuérdanos que el éxito es por ti, solo por ti. Un aumento en la asistencia o un amigo guiado a Jesús. Un aumento de las ofrendas y nuevas oportunidades. En nuestros cultos de adoración. En mi camino en la vida. Para mí y para mi iglesia, Padre, que nuestros éxitos siempre apunten hacia ti. Que exclame de gozo en respuesta a todo lo que has hecho. Amén.

REFLEXIONA:

Cuándo un individuo o la familia de tu iglesia logran algo, ¿a quién se dirigen los aplausos?

Entrenamiento espiritual

. . . .

*Más bien, ejercítate en la piedad, pues aunque el ejercicio
físico trae algún provecho, la piedad es útil para todo,
ya que incluye una promesa no solo para la vida presente,
sino también para la venidera.*

1 TIMOTEO 4.7-8

Un cuerpo en movimiento es algo bueno, Padre. Nos has diseñado para el movimiento. Quiero estar sana, pero no quiero que
mi objetivo sea solo la forma física. Debo cuidar mi cuerpo, pero
reconociendo sus límites. Mi cuerpo no puede hacer mucho. Las
recompensas del entrenamiento físico solo perduran en esta tierra,
y la enfermedad y las lesiones pueden barrerlas rápidamente. El
entrenamiento en tus caminos proporciona fuerza y resistencia
para soportar el maratón de la vida y para servirte plenamente. Un
día, este cuerpo terrenal se convertirá en uno celestial adornado
con las recompensas de una vida vivida para ti. Amén.

. . . .

REFLEXIONA:

¿Consideras que tiene más valor la aptitud física o la devoción?

Sin ver

- -

—Porque me has visto, has creído —le dijo Jesús—; dichosos
los que no han visto y sin embargo creen.

JUAN 20.29

Señor Jesús, a veces todos podemos ser Tomás. Pedimos señales. Queremos pruebas. Si tan solo pudiéramos tocar tus manos perforadas por los clavos... La verdad es que creer sin ver es difícil. Tú lo sabías. Sabías que muchos creyentes llegarían a la fe sin verte, sin la prueba de tu resurrección, hasta el cielo. Por eso pronunciaste palabras de ánimo. Al creer sin ver, soy bendecida. Y no me has dejado sin la ayuda de tu Espíritu. Te «muestras» a mí de innumerables maneras. A través de tu provisión. A través de tu fiel presencia en mi vida. A través de la belleza de tu creación. A través de las oraciones respondidas. Señor, eres una realidad innegable. Amén.

- -

REFLEXIONA:

¿Cómo se puede creer sin ver físicamente a Cristo?

Dios el labrador

- -

*Yo soy la vid verdadera, y mi Padre es el labrador. Toda rama
que en mí no da fruto, la corta; pero toda rama que da fruto
la poda para que dé más fruto todavía.*

JUAN 15.1-2

Padre, cada día es una oportunidad para crecer como cristiana y
dar fruto para ti. Cuando parece que no avanzo tanto como quiero
o como creo que debería hacerlo, puede ser frustrante. Recuérdame
que tú siempre estás obrando, podándome para parecerme más a
tu Hijo, Jesús. Muchas veces la poda no es agradable al principio,
pero con el tiempo el sarmiento crecerá, aparecerán los brotes y
mi vida dará más fruto. Gracias por tu cuidado amoroso, porque no
te conformas con lo que hay, sino que me guías hacia la plenitud
y la belleza en ti. Amén.

- -

REFLEXIONA:

¿En qué áreas de tu vida está obrando el Dios viñador?

Siempre igual

Jesucristo es el mismo ayer y hoy y por los siglos.

HEBREOS 13.8

Señor, el cambio es una parte natural, y a menudo necesaria, de la vida. Desde el momento de nuestra concepción, crecemos. Día a día, año a año, y en cada etapa de la vida, cambiamos. En la edad adulta, el cambio puede aportar nuevas perspectivas; puede despejar el camino hacia nuevas experiencias. Pero la incertidumbre es inherente al cambio. El no saber puede dar miedo. Cuando los cambios en mi vida me hagan retroceder, quédate a mi lado. Tú estás ahí ahora mismo. Puedo confiar en tu presencia y en tu naturaleza inmutable en medio de la incertidumbre. Gracias por seguir siendo siempre el mismo. No tengo que preguntarme cuál será tu carácter futuro. Ya lo sé. Amén.

REFLEXIONA:

¿Qué rasgos de Dios (su amor, su fidelidad, su poder, su omnisciencia, su bondad...) te sostienen cuando te enfrentas a las vicisitudes de la vida?

Pero si no...

•   •

Sadrac, Mesac y Abednego le respondieron a Nabucodonosor:
—¡No hace falta que nos defendamos ante Su Majestad! Si se
nos arroja al horno en llamas, el Dios al que servimos puede
librarnos del horno y de las manos de Su Majestad. Pero, aun si
nuestro Dios no lo hace así, sepa usted que no honraremos a sus
dioses ni adoraremos a su estatua.

DANIEL 3.16-18

Padre, quisiera tener el valor de Sadrac, Mesac y Abednego para
enfrentar las pruebas ardientes, el valor para seguir tus caminos
y no doblegarme a los del mundo, y la confianza de saber que
tú me rescatarás. E incluso si decides no hacerlo, Padre, que me
comprometa a permanecer fiel así como tú eres fiel. Solo tú eres
santo y mereces todo lo que soy. Amén.

•   •

REFLEXIONA:

¿Cómo puede tu decisión de mantenerte firme en la fe *ante* las
pruebas ayudarte a soportarlas?

A mano

. . . .

El Señor está cerca. No se inquieten por nada; más bien,
en toda ocasión, con oración y ruego, presenten sus peticiones
a Dios y denle gracias.

FILIPENSES 4.5-6

Padre, cuando estoy preocupada suelo leer las palabras de Filipenses 4.6. Pero al seguir tus instrucciones —de orar ante mis pensamientos de ansiedad— recuérdame las palabras que vienen justo antes de este versículo: «El Señor está cerca». Tú estás cerca, Padre. Habitas en lo alto del cielo, pero estás tan cerca como mi corazón. Al entregarte mis problemas, que mi confianza se fortalezca cada vez más, arraigada en tu perfecta voluntad. No me angustiaré por nada porque tú estás aquí conmigo. Gracias por tu presencia. Gracias por preocuparte lo suficiente como para escuchar mis oraciones. Amén.

. . . .

REFLEXIONA:

¿Qué es lo que te impide entregar tu ansiedad plenamente a Dios?

Los muros se derrumban

. . . .

Por la fe cayeron las murallas de Jericó, después de haber
marchado el pueblo siete días a su alrededor.

HEBREOS 11.30

Señor, tu estrategia militar para conquistar Jericó probablemente
les pareció una locura a los israelitas. Pero, cuando siguieron tu
orden y los muros cayeron, no tuvieron duda de que tú eras la
fuerza detrás de su victoria. Deseo seguir tu voluntad para mi vida,
Señor. Pero cuando seguirla signifique encontrarme con barreras,
recuérdame que tú eres capaz de hacer mucho más de lo que puedo
imaginar, incluso cuando los obstáculos parezcan insuperables y
tus caminos, una locura. Tu sabiduría es incomprensible. Tú ves el
principio y el final, y solo deseas lo mejor para mí. Quiero confiar
completamente en ti en fe. Amén.

. . . .

REFLEXIONA:

¿Crees que las instrucciones de Dios para vivir la vida y su plan
para ti darán los mejores resultados, más allá de lo que puedas
imaginar?

En un oído...

· ·

*No se contenten solo con escuchar la palabra, pues así se
engañan ustedes mismos [...] quien se fija atentamente en la ley
perfecta que da libertad, y persevera en ella, no olvidando lo que
ha oído, sino haciéndolo, recibirá bendición al practicarla.*

SANTIAGO 1.22, 25

Padre, mientras leo mi Biblia, te pido que las palabras penetren
más profundamente en mi oído y comiencen a cambiarme. Mientras medito en tu santa Palabra, que las verdades resuenen en mi
corazón y me impulsen a actuar para conformar mis caminos a
los tuyos. Tú ofreces libertad de la esclavitud del pecado. Ah, no
quiero escuchar la Buena Nueva y no crecer en total obediencia a
tu Palabra. Cuando el Espíritu Santo me convence, Padre, quiero
responder rápidamente. Tu Espíritu me fortalecerá mientras actúo,
y a través de mi obediencia me bendecirás. Amén.

· ·

REFLEXIONA:

¿Cuán rápida eres para aplicar las verdades de la Palabra de Dios
a tu vida?

Amigo de Dios

* *

Si alguien quiere ser amigo del mundo se vuelve enemigo de Dios. ¿O creen que la Escritura dice en vano que Dios ama celosamente al espíritu que hizo morar en nosotros? Pero él nos da mayor ayuda con su gracia. Por eso dice la Escritura: «Dios se opone a los orgullosos, pero da gracia a los humildes».

SANTIAGO 4.4-6

Padre, no escatimaste nada para salvarme. A través de la sangre de tu amado Hijo, hiciste un camino para que yo llegara a ti. Tú *quieres* una relación conmigo. Mi única respuesta debe ser un compromiso total contigo. ¡Cómo debes de sentirte cuando elijo mis caminos en lugar de los tuyos, aunque sea por un momento! Perdóname, Padre. Te debo todo a ti, no solo las partes que son fáciles de entregar. Muéstrame dónde me aferro al mundo y no a mi fe. Derrama tu gracia mientras aprendo a seguirte humildemente. No mereces nada menos y sí mucho más. Amén.

* *

REFLEXIONA:

¿Ves a Dios como merecedor de todo tu ser?

Fe activa

Tú, en cambio, hombre de Dios, huye de todo eso, y esmérate en seguir la justicia, la piedad, la fe, el amor, la constancia y la humildad. Pelea la buena batalla de la fe; haz tuya la vida eterna, a la que fuiste llamado y por la cual hiciste aquella admirable declaración de fe delante de muchos testigos.

1 TIMOTEO 6.11-12

Padre, me encantan las palabras de Pablo a Timoteo. La fe que él describe no es ociosa. Es dinámica. Timoteo debe *seguir, pelear, hacer suya* la vida eterna... No debía sentarse y permanecer estático en su vida de fe, sino involucrarse activamente en ella. Padre, recuérdame estos versículos cada mañana. Guárdame de la complacencia en la que ya no busco crecer. Que persiga lo que tú deseas en mi vida. Que profundice en mi fe incluso en la oscuridad. Que siempre me centre en el cielo y en lo que significa para mí aquí en la tierra. Amén.

REFLEXIONA:

¿A qué acción te llama Dios en tu vida?

Sigue regocijándote

* *

Aunque la higuera no florezca, ni haya frutos en las vides;
aunque falle la cosecha del olivo, y los campos no produzcan
alimentos; aunque en el aprisco no haya ovejas, ni ganado
alguno en los establos; aun así, yo me regocijaré en el Señor, ¡me
alegraré en Dios, mi libertador!

HABACUC 3.17-18

Señor, la mayoría de nosotros queremos cierta medida de previsibilidad en nuestras vidas. Queremos que los cultivos den su fruto a su tiempo y que la cosecha sea grande. Pero la prosperidad no es una garantía, como tampoco lo es una vida «normal». Habrá dificultades, habrá trastornos. Sin embargo, como declara el profeta, esto no tiene por qué dejarnos sin alegría. Tú sigues siendo el Señor y nuestra salvación. Podemos alegrarnos de ello, pase lo que pase. Amén.

* *

REFLEXIONA:

¿Las circunstancias desafiantes de tu vida te han hecho difícil el regocijarte en Dios?

Escasez de obreros

. . . .

La cosecha es abundante, pero son pocos los obreros —les dijo
a sus discípulos—. Pídanle, por tanto, al Señor de la cosecha
que envíe obreros a su campo.

MATEO 9.37-38

Padre, hay muchas almas que necesitan tu salvación. Todo ser humano es injusto sin Cristo y sin la cruz. Tú nos rescatas del pecado y acoges a los salvos dentro de tu familia. Más que eso, has hecho de cada cristiano una parte integral de tu plan para reconciliar vidas contigo. ¡Qué privilegio! Permíteme ser una audaz testigo de tu gracia. Y que pueda orar persistentemente por otros que comparten la Buena Nueva. Padre, tú eres el Señor de la mies; envía obreros para que todos oigan hablar de ti. Amén.

. . . .

REFLEXIONA:

¿Las peticiones por la difusión del evangelio forman parte de tu vida de oración?

Un Dios como ningún otro

¿Qué Dios hay como tú [...]? No siempre estarás airado,
porque tu mayor placer es amar. Vuelve a compadecerte
de nosotros. Pon tu pie sobre nuestras maldades y arroja
al fondo del mar todos nuestros pecados.

MIQUEAS 7.18-19

Señor, tu amor es inimaginable. Que enviaras a tu perfecto y amado Hijo a morir por los pecadores... Tu sacrificio por aquellos que pueden dar tan poco a cambio... Parece increíble. Luego leo las palabras de Miqueas sobre el perdón hacia tu pueblo, y me asombro aún más. *Vuelves* a tener compasión. Tu amor es firme. Tu gracia es eterna. Gracias. Que mi vida sea un agradecimiento vivo. Al arrodillarme ante ti, quiero postrarme en humildad ante todo lo que eres. No hay nadie como tú, Señor. Amén.

REFLEXIONA:

¿Qué se te viene a la cabeza cuando piensas en la inquebrantable compasión de Dios hacia ti?

Aun allí

. . . .

*Si me elevara sobre las alas del alba, o me estableciera
en los extremos del mar, aun allí tu mano me guiaría,
¡me sostendría tu mano derecha!*

SALMOS 139.9-10

Padre, no importa dónde vaya, tú estás conmigo. No puedo ir más allá de tu alcance. No puedo alejarme de tu cuidado. Tú estás en todas partes, siempre, y estás aquí a mi lado. Pero tú estás más que presente. Tu Palabra dice que me conduces, guiándome por tus caminos, dirigiéndome según tu voluntad para mi vida. Tú me sostienes... atrayéndome a tu lado, apoyándome. Y cuando me desvío, nunca tengo que ir muy lejos para volver a ti. No me has abandonado; quieres que descanse en tu presencia. Gracias por tu fidelidad. Gracias por quedarte cerca. Amén.

. . . .

REFLEXIONA:

¿Crees que Dios está presente en tu vida incluso cuando has decaído en tu relación con él?

Él es paciente

*Pero no olviden, queridos hermanos, que para el Señor un día
es como mil años, y mil años como un día. El Señor no tarda en
cumplir su promesa, según entienden algunos la tardanza. Más
bien, él tiene paciencia con ustedes, porque no quiere que nadie
perezca, sino que todos se arrepientan.*

2 PEDRO 3.8-9

Señor, tú no ves igual que nosotros. Incluso tu sentido del tiempo
difiere del nuestro. Has prometido volver pronto, pero *pronto* será
en tu tiempo perfecto. En tu gran amor, eres paciente, deseando
que todos los que vengan a ti encuentren la salvación. Mientras
espero el regreso de Cristo, pon una carga en mi corazón para orar
por aquellos que aún no te han conocido como su Señor y Salvador.
Que te acompañe en tu espera a través de la oración. Gracias por
no perder tu paciencia con nosotros, Señor. Amén.

REFLEXIONA:

¿Cómo puedes aprovechar este tiempo para impactar en el mundo
para el reino de Dios?

Alegrémonos

. . . .

¡Alégrense los cielos, regocíjese la tierra! ¡Brame el mar
y todo lo que él contiene! ¡Canten alegres los campos y todo lo
que hay en ellos! ¡Canten jubilosos todos los árboles del bosque!
¡Canten delante del SEÑOR, que ya viene!

SALMOS 96.11-13

Señor, tu creación es maravillosa. Solo pensar en el vasto cielo nocturno, en el poder de los océanos y en la belleza de la tierra llena mi mente de asombro. Pero, por más asombroso que sea el mundo natural ahora, no es nada comparado con la maravilla de toda la creación que celebra tu regreso. Tú reinas, y los cielos y la tierra te aclamarán. Como tu creación que soy, como hija tuya, permíteme clamar en adoración a ti. Tú eres digno. Llena mi corazón con una comprensión tan profunda de tu grandeza que nunca deje de alabarte. Por tu poder. Por tu bondad. Por tu gracia. Te adoro. Amén.

. . . .

REFLEXIONA:

¿Con qué palabras de alabanza puedes presentarte hoy ante Dios?

El amor en la práctica

· ·

*Pero el que tiene bienes de este mundo, y ve a su hermano
en necesidad y cierra su corazón contra él, ¿cómo puede
morar el amor de Dios en él? Hijos, no amemos de palabra
ni de lengua, sino de hecho y en verdad.*

1 JUAN 3.17-18 NBLA

Padre, *amar a los demás* es un principio que a menudo escucho
en la iglesia y leo en tu Palabra. Amar a los demás es lo que quiero
hacer en respuesta a tu gran amor por mí. Pero, si soy sincera, puede
ser más fácil hablar de tender la mano con amor que hacerlo en la
práctica. Miedo, inconveniencia, egoísmo... son partes feas de mi
vieja naturaleza que tú, Padre, puedes ayudarme a superar. Cuando
sienta la atracción de tu amor para ayudar a alguien, que pueda
responder como si fuese tus manos y pies en la tierra, proveyendo
de las bendiciones que me has dado generosamente. Amén.

· ·

REFLEXIONA:

¿En qué formas sencillas o significativas puedes compartir el amor
de Dios con los demás?

Su palabra permanece

Todo mortal es como la hierba, y toda su gloria como la flor del campo. La hierba se seca y la flor se marchita, porque el aliento del Señor sopla sobre ellas. Sin duda, el pueblo es hierba. La hierba se seca y la flor se marchita, pero la palabra de nuestro Dios permanece para siempre.

Isaías 40.6-8

Señor, el cambio de estaciones ilustra las palabras de Isaías. En otoño, la exuberante hierba del verano se marchita y luego se adormece en el invierno; las flores frescas de la primavera se marchitan bajo el calor del verano. Nosotros también envejecemos con el tiempo y nuestra belleza se desvanece. Qué consuelo es saber que, pese a los cambios que sufre toda la creación, tu Palabra permanece inalterable. Tus planes y tus promesas no cambian con los años. Perduran como un cimiento firme para sostener a tus hijos. Tu Palabra es digna de confianza, Señor, y tú eres igual de fiel. Amén.

REFLEXIONA:
¿De qué manera la naturaleza eterna de la Palabra de Dios te anima en los cambios de la vida?

Prepárate

. . . .

Manténganse listos, con la ropa bien ajustada y la luz
encendida. Pórtense como siervos que esperan a que regrese su
señor de un banquete de bodas, para abrirle la puerta tan pronto
como él llegue y toque. Dichosos los siervos a quienes su señor
encuentre pendientes de su llegada.

LUCAS 12.35-37

Padre, las mujeres nos preparamos muchas veces en nuestra vida.
Nos alistamos para salir por la mañana. Programamos, planificamos,
creamos. Esperamos que los seres queridos vuelvan a casa. En todo
nuestro ajetreo, no olvidemos estar preparadas para el evento más
importante: el regreso de Cristo. Recuérdanos, Padre, las palabras de
tu Hijo. Debemos vestirnos para la acción. Mantener las lámparas
encendidas. Anticipar la segunda venida de Cristo. No quiero estar
inactiva ni que me sorprenda desprevenida ese día. Ayúdame a
preparar mi corazón y a centrarme primero en ti. Amén.

. . . .

REFLEXIONA:

¿Te enfrentas a cada día como si pudiera ser el día del regreso de Cristo?

Completamente entregado

. . . .

No amen al mundo ni nada de lo que hay en él. Si alguien ama
al mundo, no tiene el amor del Padre. Porque nada de lo que hay
en el mundo —los malos deseos del cuerpo, la codicia de los ojos
y la arrogancia de la vida— proviene del Padre, sino del mundo.
El mundo se acaba con sus malos deseos, pero el que hace la
voluntad de Dios permanece para siempre.

1 JUAN 2.15-17

Señor, este mundo está lleno de distracciones, distracciones que
Satanás puede utilizar para impedirme vivir plenamente para ti.
Desde las cosas del mundo —todas las *cosas* que persigo— hasta
las creencias del mundo sobre cómo debo vivir, hay muchas cosas
que pueden desviarme. Estas cosas no son tuyas, Señor. Y no están
aquí para quedarse. Nada en mi vida debe tener prioridad sobre ti.
Que te ame por completo y me dedique exclusivamente a ti. Amén.

. . . .

REFLEXIONA:

¿Qué significa para ti amar al mundo? ¿Y qué significó para Dios?

Parte de la familia de Dios

. . . .

*Canten a Dios, canten salmos a su nombre; aclamen a quien
cabalga por las estepas, y regocíjense en su presencia. ¡Su nombre
es el SEÑOR! Padre de los huérfanos y defensor de las viudas es Dios
en su morada santa. Dios da un hogar a los desamparados.*

SALMOS 68.4-6

Dios, tú eres todopoderoso; tú reinas. También eres nuestro Padre
celestial. Te preocupas por los huérfanos y las viudas. Te importa
que tus hijos tengan una familia. Ya sea biológico, de adopción o
eclesial, oro para que todos los creyentes encuentren un lugar de
pertenencia. Quiero poder tender la mano y ser una hermana para
los que conozco. Tú nunca quisiste que viviéramos como criaturas
solitarias. Como nuestro mayor ejemplo mientras caminaba por
esta tierra, tu Hijo se rodeó de sus discípulos, como una familia.
Y te tenía a ti. Te canto alabanzas, Padre mío. Amén.

. . . .

REFLEXIONA:

¿Necesitas buscar hermanos y hermanas cristianos con los que
caminar?

Hermoso mensajero

∙ ∙

¿Cómo invocarán a aquel en quien no han creído?
¿Y cómo creerán en aquel de quien no han oído? ¿Y cómo oirán
si no hay quien les predique? ¿Y quién predicará sin ser enviado?
Así está escrito: «¡Qué hermoso es recibir al mensajero que
trae buenas nuevas!».

ROMANOS 10.14-15

Señor, quiero dedicar un tiempo hoy, y cada día, a pedir por los misioneros de todo el mundo. Ellos han aceptado tu alto llamado para difundir el evangelio. Alivia sus dificultades, Señor. Provee desde tu ilimitado amor. Atrae los corazones hacia ti mientras tus discípulos hablan de tu salvación. Recuérdame también, Señor, que todos somos misioneros en nuestro entorno. Hoy, y cada día, tengo la oportunidad de dar testimonio del efecto asombroso y eterno que tu gracia puede tener en una mujer normal y corriente. Amén.

∙ ∙

REFLEXIONA:

Dedica un tiempo esta semana a elegir un misionero y comprométete a orar por la prosperidad de su trabajo.

Más es más

*Es cierto que con la verdadera religión se obtienen grandes
ganancias, pero solo si uno está satisfecho con lo que tiene.
Porque nada trajimos a este mundo, y nada podemos llevarnos.
Así que, si tenemos ropa y comida, contentémonos con eso.*

1 TIMOTEO 6.6-8

Padre, con la abundancia que muchos disfrutamos, la satisfacción
debería ser fácil. De alguna manera, no lo es. No me falta nada,
pero gran parte de mi tiempo y energía se va en otras *cosas*. El contentamiento es una mentalidad que necesito cultivar diariamente.
Cuando quiero algo nuevo, mejor, o más... haz que mi corazón se
dirija al contentamiento, Padre. Abre mis ojos a la abundancia de
bendiciones materiales que ya tengo. Llena mis días de gratitud
por tu abundante provisión. Guíame a compartir con otros que no
tienen tanto. Enséñame lo que es suficiente y lo que es excesivo.
Deseo seguir tu voluntad para mi vida, incluso en lo material. Amén.

REFLEXIONA:

¿De qué manera el hecho de acudir primero a Dios, antes de buscar
más, puede mantener tu mirada en el contentamiento?

Por una

*Supongamos que uno de ustedes tiene cien ovejas y pierde
una de ellas. ¿No deja las noventa y nueve en el campo,
y va en busca de la oveja perdida hasta encontrarla? Y, cuando
la encuentra, lleno de alegría la carga en los hombros [...].
Les digo que así es también en el cielo: habrá más alegría
por un solo pecador que se arrepienta que por noventa
y nueve justos que no necesitan arrepentirse.*

Lucas 15.4-5, 7

Qué hermosa imagen de la salvación, Señor. Tú, el Gran Pastor,
buscas a los perdidos, no solo durante un tiempo, sino hasta que
nos encuentras. Y luego traes a los perdidos de vuelta a tu rebaño.
Te alegras de nuestro regreso. Que nuestra respuesta sea también
de alegría, y no de orgullo como los líderes religiosos de la época
de Jesús. Necesitamos que tu mano nos guíe para llevarnos de
vuelta a ti. Condúcenos. Sálvanos. Gracias por tu cuidado. Amén.

REFLEXIONA:

¿Cómo has visto actuar al Gran Pastor en tu vida?

Preparada y dispuesta

. . . .

... Porque para Dios no hay nada imposible.
—Aquí tienes a la sierva del Señor —contestó María—. Que él
haga conmigo como me has dicho. Con esto, el ángel la dejó.

LUCAS 1.35, 37-38

Padre, ¿qué pasó por la mente de María todos los días siguientes a la noticia del ángel, y luego cuando se enfrentó a una vida cambiada radicalmente, una que nunca hubiera imaginado? ¿Confusión? ¿Miedo? ¿Temor? ¿Alegría? Tus planes no siempre tienen sentido para tus hijos, Padre. Quiero aprender de María. Sintiera las emociones que sintiera, confió en ti. Se sometió humildemente a tu voluntad. Quizás me pidas que haga cosas difíciles, cosas que parecen imposibles. Cuando la duda aparezca, recuérdame que nada es imposible para ti. Tienes grandes planes para mí, que nunca habría imaginado sin ti. Los aceptaré con los brazos abiertos. Amén.

. . . .

REFLEXIONA:

Cuando Dios te lleva en una dirección inesperada, ¿cuál es tu respuesta?

Dichosos...

* *

Dichosos los pobres en espíritu, porque el reino de los cielos les pertenece. Dichosos los que lloran, porque serán consolados. Dichosos los humildes, porque recibirán la tierra como herencia. Dichosos los que tienen hambre y sed de justicia, porque serán saciados. Dichosos los compasivos, porque serán tratados con compasión. Dichosos los de corazón limpio, porque ellos verán a Dios.

MATEO 5.3-8

Tal vez sea parte de nuestra cultura, Señor, pero la idea de «ser bendecido» a menudo equivale a cosas materiales o transitorias de este mundo. Somos bendecidos con hogares confortables, despensas llenas, ingresos prescindibles, belleza, salud... Sin embargo, lo que tú consideras «bendición» va mucho más allá de lo físico. Nos colmas de muchas cosas intangibles, incluida la relación contigo. Amplía mi perspectiva de la bendición, Señor. ¡Soy bendecida de verdad! Amén.

* *

REFLEXIONA:

¿De qué manera te muestra Dios su bendición?

Solo ora

> Y al orar, no usen ustedes repeticiones sin sentido, como los
> gentiles, porque ellos se imaginan que serán oídos por su
> palabrería. Por tanto, no se hagan semejantes a ellos; porque su
> Padre sabe lo que ustedes necesitan antes que ustedes lo pidan.
>
> MATEO 6.7-8 NBLA

Dios, cuando me arrodillo ante ti en oración, haz que mis palabras sean sencillas. Que cada una tenga sentido y no sean palabras vacías, frases huecas. No necesito llenar tus oídos con una charla interminable para que me escuches, porque has prometido escucharme cuando oro con fe. Tú eres mi Padre celestial; tú quieres que acuda a ti como tu hija. Te invoco hoy, con reverencia, pero también con la seguridad de que mi Abba me escucha y sabe lo que necesito incluso antes de que articule las palabras en mi lengua. Amén.

REFLEXIONA:

¿Te resultan más fáciles las oraciones memorizadas que las peticiones a Dios como una hija a su Padre?

El gozo del Señor

* *

*Luego Nehemías añadió: «Ya pueden irse. Coman bien, tomen
bebidas dulces y compartan su comida con quienes no tengan
nada, porque este día ha sido consagrado a nuestro Señor. No
estén tristes, pues el gozo del SEÑOR es nuestra fortaleza».*

NEHEMÍAS 8.10

Señor, la nación de Judá pasó por años de cautiverio, de lucha y
de pecado, pero aun así tenía motivos para celebrar. La alegría del
Señor —su Dios, tú— era su fuerza. Para mí también hay motivos
de celebración, incluso en los momentos más difíciles, gracias a
tu presencia en mi vida. Puedo experimentar la alegría de hacer
las labores difíciles de la vida, las tareas mundanas de la vida,
las tareas imposibles de la vida, porque tú estás conmigo. Tú me
fortaleces. Pase lo que pase, tengo tu don de la gracia, y solo eso
es motivo de alegría. Amén.

* *

REFLEXIONA:

¿De qué manera puedes reconocer y celebrar la fortaleza de Dios en
tu vida?

Sacrificios vivos

. . . .

*Por tanto, hermanos, les ruego por las misericordias de Dios
que presenten sus cuerpos como sacrificio vivo... transfórmense
mediante la renovación de su mente, para que verifiquen cuál es
la voluntad de Dios: lo que es bueno y aceptable y perfecto.*

ROMANOS 12.1-2

Señor, con el sacrificio de tu Hijo en la cruz, los creyentes ya no
necesitamos ofrecerte sacrificios de animales. La sangre derramada
del Cordero nos salva. En respuesta, puedo ofrecer mi vida como
un sacrificio vivo. Todo lo que hago se convierte en adoración y
servicio a ti. Pero hacerlo requiere una guía, Señor. Mientras leo
y medito en las Escrituras, tu Espíritu Santo me cambiará por
dentro. Veré tu voluntad para mí, y mi vida será un reflejo diario
de tu gracia. Amén.

. . . .

REFLEXIONA:

¿Qué te viene a la mente cuando piensas en tu vida como un sacrificio
vivo?

Día a día

Por tanto, no nos desanimamos. Al contrario, aunque por fuera nos vamos desgastando, por dentro nos vamos renovando día tras día. Pues los sufrimientos ligeros y efímeros que ahora padecemos producen una gloria eterna que vale muchísimo más que todo sufrimiento. Así que no nos fijamos en lo visible, sino en lo invisible.

2 Corintios 4.16-18

Padre, nuestros cuerpos terrenales no son cuerpos eternos. La enfermedad, la fatiga, las lesiones, el envejecimiento. ¡Somos criaturas frágiles! Algunos días —cuando estoy saludable— es fácil ignorar esta verdad. Pero cuando estoy débil, debo recurrir a ti. Sin embargo, al admitir mi debilidad, las palabras de Pablo me recuerdan que no debo desanimarme. Tú me renuevas día a día. Me haces fuerte para mi hogar eterno en el cielo. Una vez que esté allí, tu gloria eclipsará cualquier oscuridad que experimente en esta vida. Amén.

REFLEXIONA:

¿De qué manera puedes mirar lo que te aflige hoy o mañana a través de los ojos de Dios?

¿Qué tienes en mente?

Por lo demás, hermanos, todo lo que es verdadero,
todo lo honesto, todo lo justo, todo lo puro, todo lo amable,
todo lo que es de buen nombre; si hay virtud alguna,
si algo digno de alabanza, en esto pensad.

FILIPENSES 4.8 RVR1960

Padre, como mujer, tiendo a pensar mucho. Hago una lista mental de las tareas que tengo que realizar en un día cualquiera y luego siento la presión para tenerlo todo hecho. Me preocupo por la familia, por los amigos. Contemplo lo que hice, o debería haber hecho, en el pasado y lo que me espera en el futuro. Me afano por todo lo que va mal en el mundo. Por favor, Padre, detén mis agitados pensamientos. Recuérdame las cosas en las que quieres que me detenga: cosas que son verdaderas, honestas, justas, puras, amables. Cosas positivas. Cosas dignas de alabanza. Refresca mi mente hoy. Amén.

REFLEXIONA:

¿Cómo puedes empezar a sustituir las formas de pensar negativas por la receta de Dios para tu mente?

Una creación única

. . . .

Cada uno debe juzgar su propia conducta, y si ha de sentirse
orgulloso, que lo sea respecto de sí mismo y no respecto de los
demás. Pues cada uno tiene que llevar su propia carga.

GÁLATAS 6.4-5 DHH

Padre, tú me creaste con amor como un individuo. Desde mi aspecto
hasta lo que soy y lo que hago, todo mi ser es obra de tus manos.
Mientras asumo esta vida que me has dado, mantenme humilde
y centrada en lo que tú haces *a través de mí*. Protege mi corazón
de las comparaciones, Padre. Con el bombardeo de las redes sociales, ver lo que hacen los demás es la nueva normalidad. Quiero
atreverme a alejarme de esa norma para cumplir con mi llamado
y no anhelar el de otros. Amén.

. . . .

REFLEXIONA:

¿Te has tomado el tiempo para descubrir quién eres: creación única
de Dios?

La esperanza es...

Porque en esa esperanza fuimos salvados. Pero la esperanza que se ve ya no es esperanza. ¿Quién espera lo que ya tiene? Pero, si esperamos lo que todavía no tenemos, en la espera mostramos nuestra constancia.

ROMANOS 8.24-25

Señor, los seres humanos pueden esperar muchas cosas, y la esperanza puede significar muchas cosas. Como cristiana, encuentro mi esperanza en ti. La esperanza me da una razón para enfrentarme al día siguiente. La esperanza dice que, a pesar de lo malo, el bien acabará triunfando. La esperanza me eleva desde las profundidades hasta las alturas del cielo. Y aunque todavía no puedo ver lo que espero, es seguro. No tengo que esperar en el *tal vez*; espero en lo que es seguro que vendrá. Mi eternidad está asegurada contigo, y un día compartiré tu gloria. Gracias por no dejarnos sin esperanza, Señor. Amén.

REFLEXIONA:

¿Cómo cambia tu definición de *esperanza* el saber que tu futuro está a salvo con Dios?

¡Examíname!

Examíname, oh Dios, y sondea mi corazón; ponme a prueba
y sondea mis pensamientos. Fíjate si voy por mal camino,
y guíame por el camino eterno.

SALMOS 139.23-24

Dios, en el momento en que elegí aceptar a Jesucristo como mi Salvador y Señor, fui salva. Sin nada que ofrecer a cambio, me convertí en hija de Dios. Pero mi vida como tu hija no termina con la salvación. Tú quieres transformarme, moldearme. Por mí misma, nunca podría cambiar, así que te invito, como hizo David, a que me escudriñes. Conoce mi corazón, Dios. Pruébame a mí y a mis pensamientos. Desarraiga cualquier tendencia pecaminosa, y guíame en el camino de la justicia pagada por Jesús. Que siempre acoja tu tierna guía en mi vida. Amén.

REFLEXIONA:

¿Te asusta o te reconforta la idea de que Dios te examine?

¡Sigue adelante!

Hermanos, yo mismo no considero haberlo ya alcanzado. Pero una cosa hago: olvidando lo que queda atrás y extendiéndome a lo que está delante, prosigo hacia la meta para obtener el premio del supremo llamamiento de Dios en Cristo Jesús.

FILIPENSES 3.13-14 NBLA

Padre, mientras avanzo hacia mi meta de ser como Cristo, recuérdame que la vida cristiana es más un maratón que un *sprint*. No alcanzaré la perfección en esta tierra. A veces me sentiré como si estuviera corriendo a toda velocidad; en otras ocasiones puede que me esté arrastrando centímetro a centímetro. Tendré triunfos y cometeré errores. En cada uno de estos momentos, ayúdame a concentrarme solo en ti, sin agobiarme por el pasado, y mirando hacia el premio de la completa semejanza con Cristo en mi hogar eterno. Amén.

REFLEXIONA:

¿Cómo te anima la promesa del cielo a perseverar tanto en los éxitos como en los tropiezos de tu camino cristiano?

Gozo eterno

La mujer que está por dar a luz siente dolores porque ha llegado
su momento, pero en cuanto nace la criatura se olvida de su
angustia por la alegría de haber traído al mundo un nuevo ser.
Lo mismo les pasa a ustedes: Ahora están tristes, pero cuando
vuelva a verlos se alegrarán, y nadie les va a quitar esa alegría.

JUAN 16.21-22

Señor, tu crucifixión debió de ser un momento muy doloroso para tus discípulos. Pero tú les recordaste el gozo que seguiría a la angustia. Aunque los volverías a ver físicamente —después de tu resurrección— también les dejaste la promesa de tu Espíritu Santo. Sus corazones te «verían» para siempre y se regocijarían. Yo comparto esa misma alegría. A pesar de las circunstancias dolorosas de esta vida, tu Espíritu está conmigo permanentemente, y eso es motivo de alegría. Gracias por ser mi gozo. Amén.

REFLEXIONA:

¿Crees que la alegría de conocer a Cristo puede eclipsar cualquier pena en esta vida?

Por causa del Señor

Sométanse por causa del Señor a toda autoridad humana...
Porque esta es la voluntad de Dios: que, practicando el bien,
hagan callar la ignorancia de los insensatos.

1 Pedro 2.13,15

Es cierto, Dios mío, si quieres empezar una discusión, saca a relucir la religión o la política. Cada vez más, el mundo político parece estar revuelto. Muchos, antes unidos, están ahora divididos por la política. Aunque no debo obedecer cuando un gobierno me dice que actúe en contra de tus leyes, como creyente debo someterme a las leyes de mi país y respetar a los líderes de este lugar. Mi buena conducta no abre una puerta para que los incrédulos ataquen la fe. Quiero honrarte a ti, Dios. La sumisión es una forma de revelar lo que significa ser tu hija. Amén.

REFLEXIONA:

Antes de hablar o actuar con respecto a la política, ¿te detienes primero a considerar cómo hará pensar sobre Dios?

Mujeres de valor

«Muchas mujeres han realizado proezas, pero tú las superas a todas». Engañoso es el encanto y pasajera la belleza; la mujer que teme al Señor es digna de alabanza. ¡Sean reconocidos sus logros, y públicamente alabadas sus obras!

PROVERBIOS 31.29-31

Señor, ¿cómo podemos, como mujeres, no sentirnos intimidadas por la mujer anónima de Proverbios 31? Leemos sobre ella y comenzamos a hacer una lista mental de todas las formas en que no estamos a la altura. Tengo que creer que el propósito de estos versículos no es hacer que las mujeres de todo el mundo se sientan inadecuadas, Señor. Si me concentro menos en lo que ella hace específicamente y más en lo que valora, puedo aprender de ella; puedo crecer como mujer de Dios. Sus acciones hablan de ingenio, iniciativa, generosidad, autoestima, fe y más... todas las cualidades que puedo encarnar a mi manera. Muéstrame cómo, Señor. Que sea digna de alabanza. Amén.

REFLEXIONA:
¿De qué manera eres una mujer de Proverbios 31?

Amor eterno

Por lo cual estoy seguro de que ni la muerte, ni la vida, ni ángeles, ni principados, ni potestades, ni lo presente, ni lo por venir, ni lo alto, ni lo profundo, ni ninguna otra cosa creada nos podrá separar del amor de Dios, que es en Cristo Jesús Señor nuestro.

ROMANOS 8.38-39 RVR1960

Señor, es increíble que me ames. Tú eres el Dios todopoderoso. Tú reinas sobre la tierra y los cielos; tú creaste el universo. Y, sin embargo, deseas relacionarte conmigo: un ser humano entre tantísimos. Tu amor es inmenso. Y es eterno. Nada en este mundo o fuera de él, ni ahora ni nunca, podrá alejar tu amor de mí. Cuando todo lo demás en la vida parece desintegrarse, sé que el amor de Dios me sostendrá inquebrantablemente. Las palabras nunca son suficientes, Señor, permíteme darte las gracias por tu amor. Amén.

REFLEXIONA:

Si el amor es el mayor poder de la tierra, ¿cuán grande es el amor de Dios por nosotros?

Como miel para el alma

Come la miel, hijo mío, que es deliciosa; dulce al paladar
es la miel del panal. Así de dulce sea la sabiduría a tu alma;
si das con ella, tendrás buen futuro; tendrás una esperanza
que no será destruida.

PROVERBIOS 24.13-14

Padre, es fácil pensar que la «sabiduría» es algo seco, algo que se adquiere con la edad. Pero las Escrituras declaran que la sabiduría es dulce, algo que hay que buscar incluso en la juventud. La sabiduría se adentra en nuestras vidas y enriquece nuestras almas. La sabiduría es el néctar que necesitamos para prosperar. Ayúdame a encontrar la sabiduría, Padre. Que cada día acuda a la fuente de la sabiduría, tu Palabra, en busca de las intuiciones que traen futuro y esperanza. Susurra a mi corazón para que pueda conocerte a ti y a tu voluntad más plenamente, para que pueda crecer en entendimiento. Amén.

REFLEXIONA:

¿Qué beneficios aporta la sabiduría a la vida del creyente?

Por mi bien

Porque yo sé muy bien los planes que tengo para
ustedes —afirma el SEÑOR—, planes de bienestar y no
de calamidad, a fin de darles un futuro y una esperanza.

JEREMÍAS 29.11

Cuando las circunstancias de mi mundo me abruman, Padre, cuando no veo cómo superar otro día, es difícil confiar en la bondad de tus planes. Tal vez me resulte difícil ver el bien, el futuro, la esperanza, porque mi perspectiva está desviada. Tú lo ves desde arriba, una perspectiva celestial. Mi visión es muy limitada. Ayúdame a ver a través de tus ojos. Tú visualizas mi vida, y quieres más que felicidad; quieres alegría. Quieres algo más que «ir saliendo adelante»; quieres abundancia. Quieres la paz y la seguridad que solo vienen de la total dependencia de ti. Cuando mi mundo se desmorone, cambia mi enfoque, Padre. Amén.

REFLEXIONA:

¿En qué medida alinear tu perspectiva de la vida con la ayuda de Dios te permitirá descansar en su soberano cuidado?

Una lista para el amor

* *

El amor es paciente, es bondadoso. El amor no es envidioso
ni jactancioso ni orgulloso. No se comporta con rudeza, no es
egoísta, no se enoja fácilmente, no guarda rencor. El amor no se
deleita en la maldad, sino que se regocija con la verdad. Todo lo
disculpa, todo lo cree, todo lo espera, todo lo soporta.

1 CORINTIOS 13.4-7

Dios, el amor es capital en tu Palabra. Tú nos amaste, y por eso
enviaste a tu Hijo. Debemos amarte y amar a los demás. Mientras
vivo una vida de amor, que las palabras de 1 Corintios sean mi
guía. Que mi amor sea paciente y bondadoso, contento con mi
suerte, feliz por los demás y humilde. Que tenga en cuenta a los
demás y no busque siempre mi propio beneficio, que sea paciente y capaz de dejar de lado los rencores mientras me aferro a la
verdad y la celebro. Que lo soporte todo, lo crea todo, lo espere y
lo aguante. Amén.

* *

REFLEXIONA:

¿Cómo es vivir el amor?

Las manos abiertas hacia el cielo

* *

Humíllense, pues, bajo la poderosa mano de Dios,
para que él los exalte a su debido tiempo.
Depositen en él toda ansiedad, porque él cuida de ustedes.

1 PEDRO 5.6-7

Señor, mientras oro hoy, las preocupaciones de este mundo me distraen. Mi mente pasa de la alabanza y la oración a todas las cosas que quedan por hacer, a todos los problemas y preocupaciones de mi vida en este momento. Así que me arrodillo ante ti con las manos abiertas, hacia el cielo. Dejo ir todo pensamiento que me aleja de la preciosa comunión contigo. Donde yo soy débil, tú eres más que capaz de llevar esas cargas. Vengo a ti humildemente, sometiéndome a tu omnisciencia y a tu tiempo para cuidarme. Creo que tú me exaltarás por encima de estas difíciles circunstancias como y cuando lo consideres oportuno. Te las entrego, Señor. Amén.

* *

REFLEXIONA:

¿Qué te impide entregar tus preocupaciones a Dios?

Ordena mis pasos

. . . .

El corazón del hombre traza su rumbo,
pero sus pasos los dirige el SEÑOR.

PROVERBIOS 16.9

Padre, la mayoría hacemos planes en nuestra vida. Planificamos los negocios, la vida, las vacaciones y las comidas. La planificación es útil, a menudo necesaria. Sin embargo, puedo planear y planear y planear, y entonces hasta la más mínima cosa que sale mal me recuerda que, en última instancia, no tengo el control. Esto me puede hacer entrar en pánico, o me puede empujar hacia ti. Aunque yo no tenga el control, Padre, ¡tú lo tienes! Siempre. Yo no puedo ver todas las curvas que hay por delante, y mucho menos rodearlas, pero tú sí. No puedo permanecer fuerte en los altibajos, pero tú puedes mantenerme firme. Cuando no sé si girar a la izquierda o a la derecha, tú me guías. Tú estableces mis pasos. Amén.

. . . .

REFLEXIONA:

¿Qué planificación en tu vida necesitas entregar a Dios antes de dar el primer paso?

Ningún ojo ha visto...

Sin embargo, como está escrito: «Ningún ojo ha visto, ningún oído ha escuchado, ninguna mente humana ha concebido lo que Dios ha preparado para quienes lo aman». Ahora bien, Dios nos ha revelado esto por medio de su Espíritu, pues el Espíritu lo examina todo, hasta las profundidades de Dios.

1 CORINTIOS 2.9-10

Dios, tu verdad es profunda; tu sabiduría, inmensa. No podemos obtenerla como la verdad y la sabiduría ordinarias: con los ojos, los oídos y la mente. El Espíritu Santo debe revelarla. Ábreme a tu verdad, en tu Palabra y con tu Espíritu susurrando a mi corazón. Necesito que tu sabiduría me guíe por esta vida, paso a paso, en cada momento. Donde mi entendimiento es tan limitado, el tuyo es inimaginable. Pero tú revelas tu sabiduría a los que amas. Revélamela a mí, te lo ruego. Amén.

REFLEXIONA:

¿Es fácil esperar la sabiduría revelada del Espíritu Santo, o te encuentras confiando en la «sabiduría de este mundo» (1 Corintios 2.6)?

Con una voz

. . . .

Que el Dios que infunde aliento y perseverancia les conceda
vivir juntos en armonía, conforme al ejemplo de Cristo Jesús,
para que con un solo corazón y a una sola voz glorifiquen
al Dios y Padre de nuestro Señor Jesucristo.

ROMANOS 15.5-6

Padre, tus hijos son parte de tu familia, unidos por la sangre de tu Hijo. A veces, como en nuestras familias terrenales, discutimos. Cuando tu Palabra no dice nada sobre algunas cuestiones, nosotros tenemos una opinión. Queremos tener nuestra opinión, ya sea que hablemos en voz baja en nuestros pequeños círculos o gritemos a toda la congregación. Pero tu deseo es la armonía, no la discordia. Así que clamamos con el apóstol Pablo, Padre, que nos concedas la resistencia y el ánimo que necesitamos para vivir en armonía. ¿Nuestra meta? Hablar juntos de tu gloria. Amén.

. . . .

REFLEXIONA:

¿Dónde puedes ser una voz de unidad en la familia de tu iglesia?

No es lo que esperas

· ·

*Pero Dios escogió lo insensato del mundo para avergonzar a
los sabios, y escogió lo débil del mundo para avergonzar a los
poderosos. También escogió Dios lo más bajo y despreciado,
y lo que no es nada, para anular lo que es, a fin de que en su
presencia nadie pueda jactarse.*

1 CORINTIOS 1.27-29

Señor, tus caminos son más altos que los nuestros (Isaías 55.9). Y
a menudo son lo contrario. Donde nosotros elegiríamos lo bello,
lo poderoso, lo popular, tú eliges lo sencillo, lo humilde, lo desva-
lido. Un bebé que nace para ser un Salvador. Los débiles se hacen
fuertes. Los humildes heredan el reino. Los pecadores encuentran
el perdón. A ti toda la gloria, Señor, porque sin ti no somos nada.
Por ti, somos hijas del Altísimo. Amén.

· ·

REFLEXIONA:

¿Cuándo fue la última vez que te asombraste de las increíbles
formas en las que Dios trabaja?

Un Salvador empático

....

Porque no tenemos un sumo sacerdote incapaz de compadecerse
de nuestras debilidades, sino uno que ha sido tentado en todo
de la misma manera que nosotros, aunque sin pecado. Así que
acerquémonos confiadamente al trono de la gracia para recibir
misericordia y hallar la gracia que nos ayude en el momento
que más la necesitemos.

HEBREOS 4.15-16

Señor Jesús, tú caminaste por la tierra como yo. Conociste el dolor, el hambre, el cansancio, la emoción. Enfrentaste la tentación en el desierto por cuarenta días y noches. No hay nada por lo que yo pueda pasar que tú no entiendas. Sin embargo, a diferencia de mí, tú eres intachable. Solo a través de tu vida sin pecado puedo obtener la vida eterna. Puedo venir con valentía al trono buscando el perdón, buscando la gracia, sabiendo que encontraré un abogado en ti. Ayúdame a caminar por esta tierra como tú lo hiciste. Amén.

....

REFLEXIONA:

Cuando te encuentras en el desierto de la vida, ¿tienes confianza para acercarte a Cristo y obtener la gracia que necesitas?

Con igual medida

· ·

Recuerden esto: El que siembra escasamente,
escasamente cosechará, y el que siembra en abundancia,
en abundancia cosechará. Cada uno debe dar según lo que
haya decidido en su corazón, no de mala gana ni por obligación,
porque Dios ama al que da con alegría.

2 CORINTIOS 9.6-7

Dios, me has dado tanto. Diste a tu Hijo para mi redención. Llenas mi vida con tus bendiciones. Te agradezco por tu abrumadora generosidad hacia mí. Al hacer mis presupuestos, ayúdame a dar con un corazón generoso. Abre mis ojos para ver el bien que viene al derramar tus recursos en otros. Y así como tú das por amor, que mi entrega fluya desde el amor, no con un sentido de obligación, sino con la alegría de presenciar tu mano en el trabajo. Las bendiciones serán abundantes. Amén.

· ·

REFLEXIONA:

¿Crees que Dios derramará en tu vida tanto como tú des?

Ancla

. . . .

Dios, queriendo demostrar [...] que su propósito es inmutable, la confirmó con un juramento [...] para que, mediante la promesa y el juramento [...] en las cuales es imposible que Dios mienta, tengamos un estímulo poderoso los que, buscando refugio, nos aferramos a la esperanza que está delante de nosotros. Tenemos como firme y segura ancla del alma una esperanza que penetra hasta detrás de la cortina del santuario...

HEBREOS 6.17-19

Dios, cuando haces una promesa, la cumples. A diferencia de las personas, que me han decepcionado, tú eres fiel. No tengo que preguntarme si lo que has dicho es verdad. Tú, Dios todopoderoso que no puede mentir, me lo garantizas. Puedo refugiarme en tus promesas; puedo descansar en tus promesas como ancla para mi alma. Te ruego que mi confianza no decaiga nunca. Amén.

. . . .

REFLEXIONA:

¿Qué verdades de la Palabra de Dios te ayudan cuando empiezas a dudar de sus promesas?

Contenta a pesar de todo

* * * * * * * * * * * * * * * * * *

*He aprendido a estar satisfecho en cualquier situación
en que me encuentre. Sé lo que es vivir en la pobreza,
y lo que es vivir en la abundancia. He aprendido a vivir en todas
y cada una de las circunstancias, tanto a quedar saciado como a
pasar hambre, a tener de sobra como a sufrir escasez.
Todo lo puedo en Cristo que me fortalece.*

FILIPENSES 4.11-13

Señor, no se sabe lo que traerá esta vida. Al igual que lo que describió Pablo, experimentaré tiempos buenos y malos, me veré con poco y con mucho, me enfrentaré a la abundancia y a la necesidad. Pero sea cual sea mi estado actual o el futuro, sé que la clave para vivir con éxito es la confianza total en ti. No solo te necesito en los momentos difíciles, Señor. Te necesito todos los días, buenos o malos. Tú me fortaleces para vivir de acuerdo con tu voluntad, pase lo que pase. Amén.

* *

REFLEXIONA:

¿Cómo te fortalece Cristo para afrontar el día de hoy?

Si al menos

· ·

En esto, una mujer que hacía doce años que padecía de
hemorragias se le acercó por detrás y le tocó el borde del manto.
Pensaba: «Si al menos logro tocar su manto, quedaré sana».
Jesús se dio vuelta, la vio y le dijo: —¡Ánimo, hija! tu fe te ha
sanado. Y la mujer quedó sana en aquel momento.

MATEO 9.20-22

¡Oh, la fe de esta mujer! Señor, ella creía que tu poder era tan grande que incluso tocando el borde de tu manto se sanaría. Y tenía razón; tú eres todopoderoso. Cuando afronto los momentos difíciles de mi vida, recuérdame que tú eres capaz de sanar, de salvar, con solo una palabra. Gran parte del miedo y las dudas que experimento provienen de una visión errónea de ti. Lo que parece imposible es posible bajo tu poderosa mano. Que nunca limite mi fe subestimándote, Señor. Amén.

· ·

REFLEXIONA:

¿De qué manera una concepción inadecuada de Dios te impide vivir plenamente en la fe?

Listo para escuchar

Entonces el Señor se le acercó y lo llamó de nuevo: —¡Samuel!
¡Samuel! —Habla, que tu siervo escucha —respondió Samuel.

1 SAMUEL 3.10

Señor, llamaste cuatro veces a Samuel. No te detuviste cuando no *te* escuchó. Lo llamaste de nuevo. Y seguiste llamando hasta que entendió. Entonces Samuel estuvo listo para escuchar, listo para obedecer. Tú me llamas a lo largo de mi vida. A veces soy lenta para escuchar, o creo que escucho y luego actúo cuando realmente no entiendo todavía. Ten paciencia conmigo, te lo ruego. Cuando me apresuro a hacer lo que está en mi mente, llévame de vuelta a ti, a un lugar donde pueda escuchar tu voz. No dejes de pronunciar mi nombre hasta que escuche de verdad y obedezca. Quiero ser una sierva dispuesta, lista para seguir tu guía. Amén.

REFLEXIONA:

¿Haces una pausa en tus oraciones para dejar espacio a que el Espíritu Santo «llame» a tu corazón?

Iluminar el mundo

* * * * * * * * * * * * * * * * * *

*Háganlo todo sin quejas ni contiendas, para que sean
intachables y puros, hijos de Dios sin culpa en medio
de una generación torcida y depravada. En ella ustedes
brillan como estrellas en el firmamento, manteniendo
en alto la palabra de vida.*

FILIPENSES 2.14-16

Padre, que sea siempre consciente de la impresión que dejo en los demás sobre mi fe. Si estoy abatida y me quejo de tu voluntad en mi vida, ¿cómo verán los demás tu amoroso cuidado a pesar de las dificultades? Si constantemente cuestiono tu soberanía, ¿quién se dirigirá a ti como Señor? Quiero reflejar tu amor, la alegría de ser tu hija, y la paz que solo fluye de ti. Al brillar como una luz en la oscuridad, permite que otros vean y se acerquen a la vida. Amén.

* * * * * * * * * * * * * * * * * *

REFLEXIONA:

¿Qué ven los demás de Cristo y de una vida de fe cuando te miran?

Nuestra liberación

· ·

Estábamos tan agobiados [...] que hasta perdimos la esperanza
de salir con vida [...]. Pero eso sucedió para que no confiáramos en
nosotros mismos, sino en Dios [...]. Él nos libró y nos librará [...]. En
él tenemos puesta nuestra esperanza, y él seguirá librándonos.
Mientras tanto, ustedes nos ayudan orando por nosotros.

2 CORINTIOS 1.8-11

Padre, tus hijos se enfrentan a muchos momentos difíciles, a veces
aterradores. Desastres naturales, terrorismo, persecución... En esos
momentos, tú eres nuestra esperanza y nuestro rescate. Tú tienes
el poder de librarnos del peligro, del mal, incluso de la muerte.
Mientras nos enfrentamos a lo que parecen ser circunstancias
insuperables, guarda nuestros corazones. Acércanos a ti para que
dependamos solo de ti. Recuérdanos también que oremos por
aquellos que están agobiados más allá de lo que pueden soportar
solos. Que encuentren alivio al confiar en tu fuerza. Amén.

· ·

REFLEXIONA:

¿Crees que Dios puede usar la desesperación para aumentar
nuestra fe?

Libres en Cristo

Cristo nos libertó para que vivamos en libertad. Por lo tanto, manténganse firmes y no se sometan nuevamente al yugo de esclavitud.Ustedes estaban corriendo bien. ¿Quién los estorbó para que dejaran de obedecer a la verdad? Tal instigación no puede venir de Dios, que es quien los ha llamado.

GÁLATAS 5.1

Señor, los creyentes de la iglesia primitiva se encontraron con personas que añadían obras a la gracia. Aunque el bien fluye de un corazón de fe, no es lo que concede la salvación. Cristo es quien nos libera. La gracia que trae la redención nos permite vivir una vida sin el peso de la culpa por el pecado pasado y fortalecida por el Espíritu Santo para rechazar el pecado presente. Que nunca me desvíe de una vida arraigada solo en la fe, Señor. Que sea libre de las cadenas del legalismo y del pecado, y libre para vivir para ti. Amén.

REFLEXIONA:

¿Cuáles son las cargas del legalismo que te impiden prosperar bajo la gracia de Dios?

Directamente de Dios

. . . .

*Toda la Escritura es inspirada por Dios y útil para enseñar,
para reprender, para corregir y para instruir en la justicia,
a fin de que el siervo de Dios esté enteramente capacitado
para toda buena obra.*

2 TIMOTEO 3.16-17

Señor, ¡tu Palabra es increíble! Es una parte de ti, tu mismo aliento,
y por ella hablas suavemente a mi corazón. No me dejaste para
que tratara de aprender tus justos caminos por mi cuenta; eso sería
imposible para mí. Así que dejaste tu Palabra, santa e inmutable a
través de la historia, para revelar tu verdad. Con ella me convences
del pecado y me orientas hacia el arrepentimiento y la sanidad.
Tus dulces palabras me animan en las dificultades. Me llevan de
vuelta a ti cuando me desvío. Susurran sabiduría en los momentos de mayor necesidad. ¿Qué no puede hacer tu Palabra? Amén.

. . . .

REFLEXIONA:

¿Consideras la lectura de la Biblia como una tarea o como una
oportunidad para escuchar a Dios en tu vida?

Muerte vencida

* *

«La muerte ha sido devorada por la victoria». «¿Dónde está,
oh muerte, tu victoria? ¿Dónde está, oh muerte, tu aguijón?»
El aguijón de la muerte es el pecado, y el poder del pecado
es la ley. ¡Pero gracias a Dios, que nos da la victoria
por medio de nuestro Señor Jesucristo!

1 CORINTIOS 15.54-57

Padre, nada en esta tierra da tanto miedo como la muerte. Incluso pensar en ella es como un aguijón doloroso. La muerte, espiritual y física, es a lo que toda persona separada de ti se enfrenta. Cuando enviaste a tu precioso y perfecto Hijo a morir en nuestro lugar, rompiste el poder de la muerte. Proporcionaste un camino a la justicia, un camino a la vida contigo. Incluso en el dolor de este mundo, tenemos la victoria. No tenemos que temer, sino que podemos aferrarnos a la esperanza de la eternidad contigo en el cielo. Gracias, Padre. Amén.

* *

REFLEXIONA:

¿Cómo cambia tu visión de la muerte cuando te centras en Jesús?

Alabado sea

- -

Bendito sea el nombre del Señor, desde ahora y para siempre.
Desde la salida del sol hasta su ocaso, sea alabado el nombre del
Señor. El Señor domina sobre todas las naciones; su gloria está
sobre los cielos. ¿Quién como el Señor nuestro Dios, que tiene su
trono en las alturas y se digna contemplar los cielos y la tierra?

SALMOS 113.2-6

Dios, tú eres como ningún otro. En este mundo o fuera de él, tú estás por encima de todo. Cuando venga a ti en oración, que mis primeros pensamientos sean de alabanza hacia ti, por todo lo que haces, por todo lo que eres. Para siempre. Muchas veces mi atención se centra en mí cuando debería elevar mis ojos hacia ti y levantar mis manos en adoración. Bendito sea tu nombre, Dios. Digno eres de mi alabanza. Amén.

- -

REFLEXIONA:

¿Cómo puedes hacer de la alabanza una parte diaria de tus oraciones y de tu vida?

La alegría está por venir

Si por la noche hay llanto, por la mañana habrá gritos de alegría... Convertiste mi lamento en danza; me quitaste la ropa de luto y me vestiste de fiesta, para que te cante y te glorifique, y no me quede callado. ¡SEÑOR mi Dios, siempre te daré gracias!

SALMOS 30.5, 11-12

Padre, todos enfrentamos noches oscuras en esta vida. Ya sea por problemas económicos, por enfermedad o por la pérdida de un ser querido, los tiempos difíciles pueden agotar nuestra energía y nos hacen llorar. Cuando me enfrente a las dificultades, estate conmigo para secar mis lágrimas. Abrázame fuerte hasta que amanezca. Entonces danzaré con alegría. Cantaré tu poder para transformarme, para transformar lo que antes parecía una oscuridad infinita en una gloria brillante. Grito con David: Dios mío, te daré gracias por siempre. Amén.

REFLEXIONA:

¿Cómo te ha ayudado tu fe a soportar los tiempos difíciles con la esperanza del gozo que está por venir?

Sediento por la Palabra

....

Por lo tanto, abandonando toda maldad y todo engaño,
hipocresía, envidias y toda calumnia, deseen con ansias
la leche pura de la palabra, como niños recién nacidos.
Así, por medio de ella, crecerán en su salvación, ahora
que han probado lo bueno que es el Señor.

1 PEDRO 2.1-3

Padre, cuando vine por primera vez a ti, era como un bebé, y como un bebé que crece día a día, debo crecer en mi fe. Pero el crecimiento espiritual no puede ocurrir si estoy albergando pecado. Ayúdame a quitar el pecado de mi vida y en su lugar tener sed de tu Palabra. Como leche para mi alma, tiene todo lo que necesito para madurar en mi caminar cristiano. Tú eres bueno, Padre, y tu bondad hacia mí me impulsa a buscar tu verdad. Que nunca deje de crecer. Amén.

....

REFLEXIONA:

¿Anhelas la leche espiritual de la Palabra de Dios, o necesitas orar para renovar tu sed?

Santa disciplina

Ciertamente, ninguna disciplina, en el momento de recibirla, parece agradable, sino más bien penosa; sin embargo, después produce una cosecha de justicia y paz para quienes han sido entrenados por ella. Por tanto, renueven las fuerzas de sus manos cansadas y de sus rodillas debilitadas. «Hagan sendas derechas para sus pies», para que la pierna coja no se disloque, sino que se sane.

HEBREOS 12.11-13

Padre celestial, cuando un padre amoroso disciplina a un hijo, es por el bien del niño, para enseñarle y mantenerlo seguro. Tú haces lo mismo por tus hijos, por mí. Me guías hacia la santidad; me proteges del daño. Aunque la disciplina es desagradable, fluye de tu inmenso amor. No quiero desanimarme ni amargarme, sino rendirme a ti, abriendo mis ojos y mis oídos a lo que tú quieres que aprenda. Tú ves el resultado final: mi vida sanada. Amén.

REFLEXIONA:

¿Sería completo el amor de Dios por nosotros sin su divina disciplina?

Jesús, el Altísimo

Él es la imagen del Dios invisible, el primogénito de toda
creación, porque por medio de él fueron creadas todas las cosas
en el cielo y en la tierra, visibles e invisibles, sean tronos, poderes,
principados o autoridades: todo ha sido creado por medio
de él y para él. Él es anterior a todas las cosas, que
por medio de él forman un todo coherente.

COLOSENSES 1.15-17

Jesús, no dejes que olvide el milagro que eres: Dios encarnado. En todos los atributos tú eres el Dios creador, y sin embargo caminaste por la tierra al lado de tu creación. Estás por encima de todo, pero te humillaste para buscar las almas perdidas y llevarlas a tu trono de gracia. Como uno de tus seres creados, existo para darte gloria. Te alabo por mantener todas las cosas, desde el vasto universo hasta mi vida individual. Amén.

REFLEXIONA:

Al ver a Cristo como un bebé nacido y un hombre crucificado, ¿lo adoras también como Dios santo?

Mujer leal

* *

Pero Rut respondió: —¡No insistas en que te abandone o en que me separe de ti!» Porque iré adonde tú vayas, y viviré donde tú vivas. Tu pueblo será mi pueblo, y tu Dios será mi Dios.

RUT 1.16

Dios, tú valoras la lealtad; la honras. Rut, agobiada por el dolor de haber perdido a su marido, podría haber buscado consuelo volviendo a su tierra natal, a su pueblo. Pero Rut sabía cuál era su lugar: al lado de Noemí. Sabía cuál era su papel: ofrecer apoyo a su familia y adorarte a ti. A pesar de la perspectiva de los tiempos difíciles que se avecinaban, Rut fue leal, y tú recompensaste esa lealtad. Que mi vida muestre esa fidelidad, Dios. Que nunca abandone a mis seres queridos ni a ti por un camino seguro. Tanto si el camino es rocoso o despejado, tú permanecerás a mi lado, siempre fiel. Amén.

* *

REFLEXIONA:

¿Qué bendiciones podría haber perdido Rut si hubiera elegido la comodidad en lugar de la fe?

Cada necesidad

Jesús llamó a sus discípulos y les dijo: —Siento compasión de esta gente porque ya llevan tres días conmigo y no tienen nada que comer. No quiero despedirlos sin comer, no sea que se desmayen por el camino.

MATEO 15.32

Jesús, mientras viviste en la tierra, realizaste muchos actos asombrosos. Sanaste a los enfermos y expulsaste a los demonios. Caminaste sobre el agua y calmaste las tormentas. Viviste una vida sin pecado para rescatar a un mundo pecador. Junto con todo lo milagroso, también fuiste el Señor de lo cotidiano. Sabías que la multitud reunida para escucharte tendría hambre; tuviste compasión y supliste su necesidad. Todavía hoy, tú sabes lo que necesito. Te anticipas a mi debilidad y tienes un plan para sacarme adelante. Cuidas de mí cuando no puedo ver los problemas que me esperan. Gracias por tu compasión hasta por los más pequeños cuidados. Amén.

REFLEXIONA:

¿Por qué ha conservado Dios estas palabras de Jesús para leerlas en la actualidad?

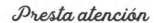

Presta atención

. . . .

Por eso es necesario que prestemos más atención a lo que hemos oído, no sea que perdamos el rumbo. Porque, si el mensaje anunciado por los ángeles tuvo validez, y toda transgresión y desobediencia recibió su justo castigo, ¿cómo escaparemos nosotros si descuidamos una salvación tan grande? Esta salvación fue anunciada primeramente por el Señor, y los que la oyeron nos la confirmaron.

HEBREOS 2.1-3

Señor, tu evangelio es un ancla para nuestras vidas. Es la verdad que nos salva, demostrado a lo largo de los siglos sin lugar a duda. El escritor de Hebreos nos advierte que debemos prestar atención —mucha atención— a lo que hemos oído. No debemos oír y seguir adelante, sino hacer del mensaje el centro de nosotros. Graba en mí la importancia de tus palabras, Señor, para que pueda mantenerme junto a ti, anclado a tu salvación como la dirección de mi vida. Amén.

. . . .

REFLEXIONA:

¿Necesitas volver a centrar el mensaje del evangelio en tu vida?

Para la eternidad

. . . .

*En el principio tú afirmaste la tierra, y los cielos son la obra
de tus manos. Ellos perecerán, pero tú permaneces. Todos ellos se
desgastarán como un vestido. Y como ropa los cambiarás,
y los dejarás de lado. Pero tú eres siempre el mismo,
y tus años no tienen fin.*

SALMOS 102.25-27

Señor, solo con mirar en mi ropero, puedo ver la verdad de este salmo. La ropa, por muy bien hecha y bonita que fuera cuando estaba nueva, se desgasta. Las costuras se debilitan; la tela se desgasta y se rompe con el tiempo. Al final, me deshago de ellas. Tu creación es igual. Por muy bien hecha y hermosa que fuera cuando la creaste, esta tierra y todo lo que hay en ella llegará a su fin. Pero tú sigues siendo eterno, Dios. Alabado seas por siempre. Amén.

. . . .

REFLEXIONA:

Dado que el cambio es una parte tan normal de esta vida, ¿es difícil ver a Dios como algo inmutable?

Ayudar o perjudicar

Desde entonces comenzó Jesús a advertir a sus discípulos que
tenía que ir a Jerusalén y sufrir muchas cosas [...]. Pedro lo llevó
aparte y comenzó a reprenderlo: —¡De ninguna manera, Señor!
¡Esto no te sucederá jamás! Jesús se volvió y le dijo a Pedro:
—¡Aléjate de mí, Satanás! Quieres hacerme tropezar; no piensas
en las cosas de Dios, sino en las de los hombres.

MATEO 16.21-23

Señor, tú amabas a Pedro. Era uno de tus discípulos de confianza y participó en la edificación de la primera iglesia. Pero era humano y susceptible a los planes de Satanás. Cualquier cosa que no esté en sintonía con tu plan divino es un obstáculo. No quiero entorpecer tu camino, Señor. Quiero ser parte del avance de tus planes en mi vida y en el mundo. Cambia mis pensamientos hacia ti, te lo ruego. Amén.

REFLEXIONA:

¿Tu forma de pensar te está convirtiendo en una piedra de tropiezo o en un peldaño para el plan de Dios?

Acercamiento en fe

. . . .

*La mujer se acercó y, arrodillándose delante de él, le suplicó:
—¡Señor, ayúdame! Él le respondió: —No está bien quitarles
el pan a los hijos y echárselo a los perros. —Sí, Señor;
pero hasta los perros comen las migajas que caen
de la mesa de sus amos. —¡Mujer, qué grande es tu fe! —contestó
Jesús—. Que se cumpla lo que quieres.*

MATEO 15.25-28

Señor, tu mensaje fue primero para Israel, tu pueblo del pacto.
Pero eso no impidió que esta mujer cananea te buscara. Se acercó
a ti con gran fe, decidida a recibir de ti aunque fuera una pizca de
bendición, sabiendo que sería más que suficiente. La persistencia
y la confianza dieron sus frutos. Que yo me acerque a ti en oración
con la misma persistencia y confianza, sabiendo que tú eres capaz
de hacer milagros. Tú respondes a las expresiones humildes de fe,
Señor. Escucha mi clamor hoy. Amén.

. . . .

REFLEXIONA:

¿Te acercas a Dios con fe en que te responderá?

Nuestro Buen Pastor

* *

El portero le abre la puerta, y las ovejas oyen su voz.
Llama por nombre a las ovejas y las saca del redil. Cuando
ya ha sacado a todas las que son suyas, va delante de ellas,
y las ovejas lo siguen porque reconocen su voz. Yo soy el buen
pastor. El buen pastor da su vida por las ovejas.

JUAN 10.3-4

Señor, ¡qué hermosa imagen de cómo nos cuidas! Nos llamas, a tus ovejas, por nuestro nombre y nos guías, como un pastor personal y atento. Vas por delante de nosotras, mostrándonos el camino a seguir. Y en la máxima expresión de tu amor, entregaste tu vida para que tuviéramos vida. Como una de tus ovejas, conozco tu voz cuando me llamas. Llámame ahora para que te siga y aprenda de tu camino. Amén.

* *

REFLEXIONA:

¿Qué significa para ti el nombre de Jesús como Buen Pastor?

Autonegación

—Si alguien quiere ser mi discípulo —les dijo—, que se niegue
a sí mismo, lleve su cruz y me siga. Porque el que quiera salvar
su vida la perderá; pero el que pierda su vida por mi causa
y por el evangelio la salvará. ¿De qué sirve ganar el mundo
entero si se pierde la vida?

Marcos 8.34-36

Señor, como seguidora tuya, mi vida no se parecerá a la de un no creyente. Lo que persigo, lo que modela mis caminos, será diferente. Seguirte significa sacrificio, así como la salvación significó tu sacrificio en la cruz. El sacrificio no es en vano. Puedo gastar mi energía, mi tiempo, mis recursos —mi vida— buscando ganar comodidad, seguridad y felicidad en este mundo; pero, cuando llegue la muerte, no servirá de nada. Si, en cambio, gasto mi energía, mi tiempo, mis recursos —todo— por ti, ganaré mucho más. Amén.

REFLEXIONA:

¿Qué significa «negarse a sí mismo» en tu vida?

El dios verde

—¡Qué difícil es para los ricos entrar en el reino de Dios!
Los discípulos se asombraron de sus palabras. —Hijos,
¡qué difícil es entrar en el reino de Dios! —repitió Jesús—.
Le resulta más fácil a un camello pasar por el ojo de una aguja
que a un rico entrar en el reino de Dios.

MARCOS 10.23-25

El dinero. Dios, ¿por qué es tan importante para nosotros? Lo idolatramos. Lo perseguimos. Lo atesoramos, lo protegemos, lo invertimos, soñamos con lo que podemos hacer con él. Si tuviéramos suficiente dinero... No estaríamos mejor que si fuéramos mendigos sin ti. Nada en este mundo puede asegurar lo que más necesitamos: la salvación. Las riquezas de la eternidad comienzan y terminan en ti. Quiero liberarme del control del dinero, Dios, y aferrarme a ti en su lugar. Amén.

REFLEXIONA:

¿Por qué la «seguridad» del dinero impide que la gente se dirija a Dios?

Perdiendo el hilo de la cuestión

—Hombres de poca fe, ¿por qué están hablando de que no tienen
pan? ¿Todavía no entienden? ¿No recuerdan los cinco panes
para los cinco mil, y el número de canastas que recogieron? ¿Ni
los siete panes para los cuatro mil, y el número de cestas que
recogieron? ¿Cómo es que no entienden que no hablaba yo del
pan, sino de tener cuidado de la levadura de fariseos y saduceos?

Mateo 16.8-11

Señor, ¡cuántas veces me parezco a los discípulos! Cuando me
fijo en las preocupaciones terrenales, no capto la sabiduría que tú
ofreces. Cuando me centro solo en los problemas, olvido cómo tú
eres capaz de cuidar de mí de forma milagrosa. Haz más profunda
mi fe, Señor. Abre mi corazón a tu verdad. Te ruego que me des
ojos y oídos para entender, para que nunca me pierda todo lo que
tienes que dar. Amén.

REFLEXIONA:

¿Alguna perspectiva errónea te impide apropiarte de algo importante?

Sin miedo

. . . .

Jesús, mientras tanto, estaba en la popa, durmiendo sobre un cabezal, así que los discípulos lo despertaron. —¡Maestro! —gritaron—, ¿no te importa que nos ahoguemos? Él se levantó, reprendió al viento y ordenó al mar: —¡Silencio! ¡Cálmate! El viento se calmó y todo quedó completamente tranquilo. —¿Por qué tienen tanto miedo? —dijo a sus discípulos—. ¿Todavía no tienen fe?

MARCOS 4.38-40

Señor, a primera vista, las palabras que diriges a tus discípulos parecen duras. En una barquita en el mar, con las olas golpeándolos, sin esperanza a la vista... la situación se veía terrible. Porque no estaban mirando hacia ti con fe. Contigo como Señor, ¿qué tengo que temer? ¿Dolor? Tú me reconfortarás. ¿Soledad? Tú estás conmigo. ¿Necesidad? Tú provees. ¿Incertidumbre? Tú ves el futuro. ¿Incapacidad? Tú me ayudarás a salir adelante. ¿Seguridad? Tú tienes mi vida en tus manos. Tú eres Dios. Que siempre tenga fe en ti. Amén.

. . . .

REFLEXIONA:

¿Por qué tienes miedo?

Consolación: pásala

Alabado sea el Dios y Padre de nuestro Señor Jesucristo, Padre
misericordioso y Dios de toda consolación, quien nos consuela
en todas nuestras tribulaciones para que, con el mismo consuelo
que de Dios hemos recibido, también nosotros podamos consolar
a todos los que sufren.

2 CORINTIOS 1.3-4

Dios, todo el mundo necesita a alguien que esté a su lado, con quien caminar de la mano en los momentos difíciles. Tú no nos has dejado solos para resistir las batallas; tú vienes a nuestro lado en las dificultades, ofreciéndonos fuerza y valor para continuar. Cuando yo me debilito bajo la presión, tú me sostienes. Y me llamas a ser una compañera de consuelo. Así como experimento el consuelo de saber que no estoy sola, extenderé una mano a otros y seré testigo de tu cuidado. Amén.

REFLEXIONA:

¿Quién necesita el consuelo de Dios, a través de ti, el día de hoy?

El amor en el servicio

. . . .

Sobre todo, ámense los unos a los otros profundamente, porque el amor cubre multitud de pecados [...]. Cada uno ponga al servicio de los demás el don que haya recibido, administrando fielmente la gracia de Dios en sus diversas formas. El que habla, hágalo como quien expresa las palabras mismas de Dios; el que presta algún servicio, hágalo como quien tiene el poder de Dios.

1 PEDRO 4.8

Dios, el amor pone al otro antes que a uno mismo. Es buscar el bien del otro, incluso cuando me han tratado mal. Después de todo, en la mayor muestra de amor, tú no me diste la espalda cuando el pecado me separó de ti; me extendiste la mano y derramaste tu amor sobre mí. Tu amor me anima a amar a los demás de la misma manera. Me has equipado para ese propósito. Que utilice mis dones para tu gloria. Amén.

. . . .

REFLEXIONA:

¿Qué hay en el amor y la gracia de Dios que nos impulsa a extender el amor y la gracia a los demás?

Todo a su debido tiempo

∙ ∙

Todo tiene su momento oportuno; hay un tiempo para todo
lo que se hace bajo el cielo [...]. ¿Qué provecho saca quien trabaja
de tanto afanarse? He visto la tarea que Dios ha impuesto
al género humano para abrumarlo con ella. Dios hizo
todo hermoso en su momento...

ECLESIASTÉS 3.1, 9-11

Dios, ¡cuántas cosas hay que hacer, cuántas cosas que cumplir! Recuérdame que, al igual que ordenas la naturaleza, tú estableces las estaciones de mi vida, en tu tiempo perfecto. A veces me apresuro; otras veces me quedo atrás. Pero tú, Dios, sabes exactamente dónde debo estar. Ayúdame a entregarte mis metas. Solo cuando esté al compás de tu tiempo encontraré satisfacción. Confío en que tú harás que cada fase de mi vida sea hermosa en su momento. Amén.

∙ ∙

REFLEXIONA:

¿Cómo puedes encontrar satisfacción en esta temporada de tu vida, ya sea mala o buena?

Lo viejo y lo nuevo

... debían quitarse el ropaje de la vieja naturaleza, la cual está corrompida por los deseos engañosos; ser renovados en la actitud de su mente; y ponerse el ropaje de la nueva naturaleza, creada a imagen de Dios, en verdadera justicia y santidad.

EFESIOS 4.22-24

Señor, tú nos oyes decirlo: «¡Es hora de cambiar!». Desde nuestro peinado, pasando por nuestro vestuario, hasta el color de la pintura de nuestras paredes, hasta nuestro trabajo, el cambio puede traer una nueva perspectiva, una sensación de empezar de nuevo con nuevas posibilidades. Es la diferencia entre lo viejo y lo nuevo. Cuando venimos a ti, Señor, tú nos cambias. Somos capaces de despojarnos del viejo yo, que está lleno de pecado, y hacernos un nuevo yo. Necesito tu ayuda en el proceso. Quita las capas duras y opacas hasta revelar la gema que hay debajo. Renueva mi mente con tu Palabra para que refleje desde dentro tu santidad. Amén.

REFLEXIONA:

¿Cómo es tu nuevo yo en Cristo?

Una mentalidad de perdonar todo lo que puedas

- -

Pedro se acercó a Jesús y le preguntó: —Señor, ¿cuántas veces tengo que perdonar a mi hermano que peca contra mí? ¿Hasta siete veces? —No te digo que hasta siete veces, sino hasta setenta y siete veces —le contestó Jesús—.

MATEO 18.21-22

Dios, a veces me cuesta perdonar. Cuando otros me hieren de nuevo, a veces una y otra vez, tengo la tentación de seguir amargada y enojada. Siento que no merecen el perdón y a menudo no les importa que se lo ofrezca. Es fácil querer aferrarse a los males en lugar de liberar la carga. Pero entonces pienso en tu perdón hacia mí. ¿Cuántas veces has concedido el perdón? Más veces de las que puedo contar. Ayúdame a perdonar como tú perdonas: con gusto. Generosamente. Con amor. A través de mi corazón que perdona, revelo tu naturaleza misericordiosa. Amén.

- -

REFLEXIONA:

El perdón de Dios es un regalo; ¿de qué manera la elección de perdonar es un regalo para ti misma y para el que te ha hecho daño?

El diablo, vencido

*Su enemigo el diablo ronda como león rugiente, buscando
a quién devorar. Resístanlo, manteniéndose firmes en la fe,
sabiendo que sus hermanos en todo el mundo están soportando
la misma clase de sufrimientos. Y, después de que ustedes hayan
sufrido un poco de tiempo, Dios mismo, el Dios de toda gracia
que los llamó a su gloria eterna en Cristo, los restaurará y los
hará fuertes, firmes y estables.*

1 PEDRO 5.8-10

Dios, el diablo es un maestro desviando a la gente. Nada le gustaría más que desviarme del camino mediante la tentación y el desánimo. Él busca *devorar*: palabra fuerte, para una amenaza seria. Pero tu Palabra dice que resista, que me mantenga fuerte en mi fe. Continuaré en el camino que tú has puesto ante mí. No vacilaré en la obediencia a ti. Usa este tiempo, Dios, para arraigar más mi fe y mi carácter. Tú me llevarás hacia delante, mejor que antes. Amén.

REFLEXIONA:

Saber que Dios mismo te está perfeccionando ¿te anima a resistir a Satanás?

Luz para ver

* *

Tus ojos son la lámpara de tu cuerpo. Si tu visión es clara, todo tu
ser disfrutará de la luz; pero, si está nublada, todo tu ser estará
en la oscuridad. Asegúrate de que la luz que crees tener no sea
oscuridad. Por tanto, si todo tu ser disfruta de la luz, sin que
ninguna parte quede en la oscuridad, estarás completamente
iluminado, como cuando una lámpara te alumbra con su luz.

LUCAS 11.34-36

Padre, cuando mi visión física se enturbie, cuando no pueda ver
claramente ni siquiera mi mano frente a mi cara, la vida será
dura. Lo mismo ocurre con la visión espiritual. Cuando no puedo
percibir tu verdad, la vida es difícil. Oro por una visión espiritual
clara, Padre, por ojos para ver tu verdad. Con una visión sana, todo
mi ser está lleno de luz vivificadora. Amén.

* *

REFLEXIONA:

¿Cómo afecta tu visión espiritual defectuosa a todo tu ser, desde
tus acciones hasta tus creencias?

En cuenta

Toma en cuenta mis lamentos; registra mi llanto en tu libro.
¿Acaso no lo tienes anotado? [...] Una cosa sé: ¡Dios está de mi
parte! Confío en Dios y alabo su palabra; confío en el SEÑOR y
alabo su palabra; confío en Dios y no siento miedo.

SALMOS 56.8-11

Cuando doy vueltas en la cama por la noche, Señor, es fácil sentirse sola con la pena o las preocupaciones. El mundo está quieto, en reposo, mientras mi corazón está inquieto. Todo está en silencio, excepto mis lágrimas. Pero tú estás ahí. Y no solo eres testigo de mi lucha, sino que también cuentas mis desvelos; recoges mis lágrimas. No es solo otra noche de sueño perdida. Tú tomas nota. Señor, el rey David tenía mucho que temer cuando escribió el salmo 56. Pero estaba seguro de algo: tú estabas a su lado. Yo también pongo mi confianza, mi alabanza, en ti, pues tú velas por mí. Amén.

REFLEXIONA:

¿No has pensado nunca que a Dios no le pasan desapercibidas tus noches en vela?

Come hasta saciarte

. . . .

¿Por qué gastan dinero en lo que no es pan, y su salario
en lo que no satisface? Escúchenme bien, y comerán
lo que es bueno, y se deleitarán con manjares deliciosos.
Presten atención y vengan a mí, escúchenme y vivirán.

ISAÍAS 55.2-3

Padre, ¿estás frustrado con todas las formas en las que intento llenar mi alma aparte de ti, cuando voy en busca de confort comprando cosas, trabajando para construir un nido aquí en la tierra? ¿Cuándo aprenderé, para mi bien, que nada, absolutamente nada, me llenará como tú? Mientras que las búsquedas terrenales me dejan con hambre de más, lo que tú provees me satisface profundamente. Me dirijo a tu Palabra para obtener el rico alimento —la alegría, la paz, la seguridad— que da la vida. Amén.

. . . .

REFLEXIONA:

¿Acudes primero al mundo o a Dios para encontrar satisfacción?

El plan del Maestro

. . . .

¡Ay del que contiende con su Hacedor! ¡Ay del que no es más
que un tiesto entre los tiestos de la tierra! ¿Acaso el barro
le reclama al alfarero: «¡Fíjate en lo que haces! ¡Tu vasija
no tiene agarraderas!»? ¡Ay del que le reprocha a su padre:
«¡Mira lo que has engendrado!»! ¡Ay del que le reclama a su
madre: «¡Mira lo que has dado a luz!»!

ISAÍAS 45.9-10

Padre, como una niña, a veces no entiendo por qué suceden ciertas cosas en mi vida. Y no siempre puedo ver el propósito de tus planes para mí. En mi corazón, armo un berrinche y pongo mala cara cuando mis deseos no encajan con tu soberana voluntad. Tranquiliza mi alma, Padre, lo suficiente para que pueda oírte decir: «Estate quieta. Yo soy Dios». Tú solo tienes en mente mi bien mientras le das forma a mi vida. Por favor, concédeme paciencia mientras espero que se desarrollen tus planes. Confío en tu propósito. Amén.

. . . .

REFLEXIONA:

¿Es difícil descansar en la obra de Dios cuando el resultado no es el esperado?

Sin peleas

No tengas nada que ver con discusiones necias y sin sentido,
pues ya sabes que terminan en pleitos. Y un siervo del Señor
no debe andar peleando[...]. Así, humildemente, debe corregir
a los adversarios, con la esperanza de que Dios les conceda
el arrepentimiento para conocer la verdad.

2 TIMOTEO 2.23-25

Peleas. Discusiones. Dios, como hijas tuyas, quieres que evitemos la fealdad de las discusiones. Cuando hablemos, no debemos reflejar al mundo que busca tener «la razón» a cualquier precio. Debemos hablar con amabilidad. Con dulzura. Tú eres el maestro en utilizar cualquier situación para tu bien. Puedes usar nuestras palabras para atraer a otros hacia ti. O si nos comportamos de forma grosera e indiferente, podemos repeler a los demás con la misma rapidez. Actúa como un filtro sagrado en mi mente, Dios, para que solo fluya de mí belleza. Amén.

REFLEXIONA:

¿No hay un coste mayor en las discusiones desagradables, incluso si lo que se pretende señalar es con buena intención?

Si no es por amor

Si hablo en lenguas humanas y angelicales, pero no tengo amor,
no soy más que un metal que resuena o un platillo que hace ruido.
Si tengo el don de profecía y entiendo todos los misterios y poseo
todo conocimiento, y si tengo una fe que logra trasladar montañas,
pero me falta el amor, no soy nada. Si reparto entre los pobres todo
lo que poseo [...] pero no tengo amor, nada gano con eso.

1 CORINTIOS 13.1-3

Padre, en tu Libro, todo gira en torno al amor. «Porque tanto amó
Dios». Tu gran amor puso en marcha tu plan de salvación, la mayor
noticia que el mundo ha escuchado. La importancia del amor debe
reflejarse en mi vida. Podría hacer muchas obras admirables, pero
si no empiezan por el amor, no llegan a nada. Puedo hacer muchas
cosas por egoísmo, pero lo que realmente cuenta es lo que hago
por amor. Te ruego que afirmes mi vida sobre el amor. Amén.

REFLEXIONA:

¿Cómo puede el amor convertirse en el punto de partida de todo
lo que haces?

La historia del hacer

. . . .

*Quiero alabarte, SEÑOR, con todo el corazón, y contar
todas tus maravillas. Quiero alegrarme y regocijarme en ti,
y cantar salmos a tu nombre, oh Altísimo. En ti confían
los que conocen tu nombre, porque tú, SEÑOR,
jamás abandonas a los que te buscan.*

SALMOS 9.1-2

Dios, tu Palabra es una rica historia de tu fidelidad y de tus maravillosas acciones. A través de generaciones y de tiempos turbulentos, tú has permanecido firme. Una roca firme, un enfoque inquebrantable, una garantía. En ti, Dios, puedo confiar. Cada día, tú escribes una valiosa historia en mi propia vida. Desde tu disposición a perdonar —una vez más— hasta las veces que has estado a mi lado, fortaleciéndome en las dificultades y celebrando en la alegría, hasta tu mano salvadora cuando casi me he rendido, tú sigues ahí. Te alabo y te agradezco por todo lo que has hecho. Amén.

. . . .

REFLEXIONA:

¿Qué «maravillas» ha hecho Dios en tu vida?

Como Agar

· ·

Y fue a sentarse sola a cierta distancia, pues pensaba: «No quiero
ver morir al niño». En cuanto ella se sentó, comenzó a llorar
desconsoladamente. Cuando Dios oyó al niño sollozar, el ángel de
Dios llamó a Agar desde el cielo y le dijo: «¿Qué te pasa, Agar? No
temas, pues Dios ha escuchado los sollozos del niño. Levántate y
tómalo de la mano, que yo haré de él una gran nación».

GÉNESIS 21.16-18

Apenas puedo imaginar cómo se sintió Agar, Señor. Utilizada por
Sara para conseguir un hijo y luego desechada; ahora vagando por
el desierto y con el temor de la muerte de su hijo. Mientras parecía
que todo el mundo la había abandonado y que todo estaba perdido, ¡tú la escuchaste! Protegiste a Agar y a Ismael. Planificaste un
futuro. Señor, en mis momentos más desesperados, recuérdame
a Agar. Tú nos sigues hasta los lugares más remotos. Tienes un
plan incluso cuando todo parece perdido. Amén.

· ·

REFLEXIONA:

¿Cómo te anima la historia de Agar?

Eres el fruto que das

. . . .

Ningún árbol bueno da fruto malo; tampoco da buen fruto el
árbol malo. A cada árbol se le reconoce por su propio fruto. No
se recogen higos de los espinos ni se cosechan uvas de las zarzas.
El que es bueno, de la bondad que atesora en el corazón produce
el bien; pero el que es malo, de su maldad produce el mal, porque
de lo que abunda en el corazón habla la boca.

LUCAS 6.43-45

Señor, esta es una ilustración muy simple, pero muy verdadera.
Los buenos árboles dan buenos frutos. Del mismo modo, de un
buen corazón fluye el bien. No puedo albergar pecado y fealdad y
esperar que el bien fluya en mi vida. Pero si me lleno de bien —de
tu Palabra, tu amor, tu voluntad— el fruto será el bien. Ayúdame a
quitar los espinos, Señor, y a sustituirlos por frutos sanos. Quiero
que los demás te reconozcan cuando vean el bien en mí. ¡Que me
conozcan por el bien! Amén.

. . . .

REFLEXIONA:

¿Qué es lo que consideras buen fruto en la vida de un cristiano?

Mi maná

. . . .

Entonces el Señor le dijo a Moisés: «Voy a hacer que les llueva
pan del cielo. El pueblo deberá salir todos los días a recoger
su ración diaria. Voy a ponerlos a prueba, para ver
si cumplen o no mis instrucciones».

Éxodo 16.4

Dios, cuando leo sobre los israelitas en el desierto, a veces me sorprendo siendo crítica. Tú les dijiste cómo y cuándo debían recoger el maná; revelaste tu plan con claridad. Sin embargo, algunos dudaron; desobedecieron. ¡Qué tontería! Dios, tú me dices en tu Palabra que me cuidarás. Me enseñas a contentarme, a confiar y a orar: «El pan nuestro de cada día, dánoslo hoy» (Lucas 11.3 RVR1960). Sin embargo, a veces dudo de ti y me labro mi camino por el desierto. ¡Qué absurdo! Hoy elijo descansar en tu plan soberano. Amén.

. . . .

REFLEXIONA:

¿En qué te pareces a los israelitas cuando te enfrentas a la prueba de confiar en la provisión de Dios?

Firme como una roca

· ·

Voy a decirles a quién se parece todo el que viene a mí, y oye mis
palabras y las pone en práctica: Se parece a un hombre que, al
construir una casa, cavó bien hondo y puso el cimiento sobre la
roca. De manera que cuando vino una inundación, el torrente
azotó aquella casa, pero no pudo ni siquiera hacerla tambalear
porque estaba bien construida.

LUCAS 6.47-48

Señor, tú fuiste un maestro para tus discípulos. Lo que les decías
era por su bien, por lo mejor. Lo mismo ocurre conmigo. A través
de tu Palabra me guías y me enseñas, y lo que escucho, aunque no
lo entienda, es para mi bien, para lo mejor. Puedo elegir construir
mi vida sobre tus mandatos y tener una base firme cuando vengan
tiempos tormentosos, o puedo vivir sin tus cimientos y venirme
abajo. Elijo escuchar y hacer tu voluntad. Amén.

· ·

REFLEXIONA:

¿En qué sentido la Palabra de Dios es como una roca para tu vida?

No apto

. . . .

—SEÑOR, yo nunca me he distinguido por mi facilidad de palabra
—objetó Moisés— [...]. —¿Y quién le puso la boca al hombre? —le
respondió el SEÑOR—. ¿Acaso no soy yo, el SEÑOR, quien lo hace
sordo o mudo, quien le da la vista o se la quita? Anda, ponte en
marcha, que yo te ayudaré a hablar y te diré lo que debas decir.

ÉXODO 4.10-12

Padre, en el servicio, en las relaciones, en las misiones, en la crianza
de los hijos, en el trabajo, en los muchos papeles que estamos lla-
mados a desempeñar, ¿cuántas veces nos sentimos como Moisés?
Mal equipadas, inadecuadas, no aptas... ¡no estamos a la altura!
Cuando me siento así, Padre, recuérdame que tú me hiciste tal
como soy. Tu plan para mi vida está hecho a medida, incluso para
mis debilidades. Tú estarás allí para sostenerme en las funciones a
las que me llamas. Acompáñame en mi camino, te lo ruego. Amén.

. . . .

REFLEXIONA:

¿Dios está utilizando las limitaciones para fortalecer tu fe?

El espíritu del sábado

* *

El sábado se hizo para el hombre, y no el hombre para el sábado
[...]. Así que el Hijo del hombre es Señor incluso del sábado.

MARCOS 2.27-28

¡Un día de descanso! Señor, con todas las responsabilidades de la vida, es fácil sentirse cansada o incluso agotada. A medida que las listas de tareas se prolongan, el tiempo para recuperar fuerzas parece acortarse día a día hasta que prácticamente se olvida el descanso. Tú me has diseñado maravillosamente, y parte de ese diseño es el descanso. Un tiempo para dejar de lado el trabajo y confiar en tu provisión. Un tiempo para abandonar las actividades terrenales y dirigir mi corazón hacia el cielo en adoración. Un tiempo de reajuste para la semana que se avecina. Señor, tu sábado es un hermoso reflejo de cómo nos creaste, descansando en el séptimo día, y de cómo sigues cuidando de tu creación. Que nunca olvide tu bendición ni lo convierta en una obligación, sino que lo guarde como tú quieres: un día de descanso. Amén.

* *

REFLEXIONA:

¿Cómo puedes establecer un reposo sabático esta semana?

Como el agua

* *

Así como la lluvia y la nieve descienden del cielo, y no vuelven allá sin regar antes la tierra y hacerla fecundar y germinar para que dé semilla al que siembra y pan al que come, así es también la palabra que sale de mi boca: No volverá a mí vacía, sino que hará lo que yo deseo y cumplirá con mis propósitos.

ISAÍAS 55.10-11

Padre, el agua es esencial para la vida. Todo ser vivo la necesita, desde las plantas hasta los seres humanos. Cae del cielo para mantener la vida, y lo hace. Puedo ver cómo el agua que cae sobre la tierra reseca trae renovación; el agua hace que los delicados arbustos crezcan. Tu Palabra es como el agua. Con ella saciamos nuestras almas sedientas y alimentamos nuestra fe. Y así como el agua física satisface las necesidades físicas, tu Palabra no dejará de satisfacer nuestras necesidades espirituales. Gracias por enviar tu Palabra. Amén.

* *

REFLEXIONA:

¿Qué necesidades espirituales satisface la Palabra de Dios?

Portadores de la carga

Hermanos, si alguien es sorprendido en pecado, ustedes que son
espirituales deben restaurarlo con una actitud humilde. Pero
cuídese cada uno, porque también puede ser tentado. Ayúdense
unos a otros a llevar sus cargas, y así cumplirán la ley de Cristo.

GÁLATAS 6.1-2

Señor, todos luchamos a veces por andar como Cristo. Todos
tenemos debilidades y fallamos ante la tentación. Llevar la carga
solos puede ser abrumador, y caeríamos bajo su peso. Gracias por
las personas que pones en nuestras vidas y que están a nuestro
lado para soportar juntos las cargas. Quiero ser esa persona para
alguien. Que pueda ser una fuente de ánimo, de responsabilidad,
de fuerza y de oración. Mientras intento ayudarlos en amor y fe,
guarda mi corazón, Señor. Mantenme firme para ayudar a sostener
a alguien más, te lo ruego. Amén.

REFLEXIONA:

¿Cómo han sido de bendición tus hermanas en Cristo cuando luchas
con el pecado?

El cielo espera

. . . .

«El tabernáculo de Dios está entre los hombres, y Él habitará entre ellos y ellos serán Su pueblo, y Dios mismo estará entre ellos. Él enjugará toda lágrima de sus ojos, y ya no habrá muerte, ni habrá más duelo, ni clamor, ni dolor, porque las primeras cosas han pasado». El que está sentado en el trono dijo: «Yo hago nuevas todas las cosas».

APOCALIPSIS 21.3-5 NBLA

Dios, el cielo es como si fuera… ¡el cielo! Apenas alcanzo a imaginar todo lo que será. Un lugar sin más lágrimas, sin más muerte, sin más dolor. Esta vieja vida que es tan agotadora desaparecerá, reemplazada por una vida nueva y perfecta. Lo que es aún más inimaginable: tú morarás con nosotros. Aquello que ahora solo hemos empezado a experimentar a través de tu Espíritu Santo en nuestros corazones nos rodeará entonces. ¡Qué lugar tan glorioso será! Gracias por la promesa del cielo, Dios mío. Amén.

. . . .

REFLEXIONA:

¿Qué es lo que más anhelas del cielo?

Creación admirable

*Tú creaste mis entrañas; me formaste en el vientre de mi madre.
¡Te alabo porque soy una creación admirable! ¡Tus obras son
maravillosas, y esto lo sé muy bien! Tus ojos vieron mi cuerpo en
gestación: todo estaba ya escrito en tu libro; todos mis días se
estaban diseñando, aunque no existía uno solo de ellos.*

SALMOS 139.13-14

Padre, cuando me miro en el espejo, a veces empiezo a desmenuzar lo que tú creaste con tanto amor. ¿Por qué no una nariz diferente? ¿Un pelo diferente, una piel diferente? ¿Por qué no más fino esto, más curvado aquello? En esos momentos, Padre, recuérdame las palabras del salmo. Tú formaste cada célula de mí antes de que naciera. Mi cuerpo es un milagro en toda su singularidad. Y más que simplemente crear el yo físico, tú formas mis días antes de que los viva. Tú eres el maestro artesano del cuerpo y de la vida. Te alabo por tu diseño. Amén.

REFLEXIONA:

¿Te miras a ti misma y a tu vida con críticas o con elogios?

Ella se rió...

· ·

Por eso, Sara se rió y pensó: «¿Acaso voy a tener este placer, ahora que ya estoy consumida y mi esposo es tan viejo?» Pero el SEÑOR le dijo a Abraham: —¿Por qué se ríe Sara ? ¿No cree que podrá tener un hijo en su vejez? ¿Acaso hay algo imposible para el SEÑOR?

GÉNESIS 18.12-14

Dios, tú eres todopoderoso. Tú reinas sobre el cielo y la tierra. Teniendo en cuenta esto, la risa de Sara me resulta increíble. ¿Cómo pudo reírse de tu promesa, de tu plan? Pero todos somos Sara a veces, ¿no es así? Ya sea que dudemos de tu capacidad o que no nos guste el momento elegido, nos falta fe. Dios, perdóname por mis momentos como Sara. Abre mi fe de par en par para que vea mi vida teniéndote presente. Nada es demasiado difícil para ti. A través de las formas aparentemente imposibles en que obras, tu gloria resplandece. Amén.

· ·

REFLEXIONA:

¿Cómo utiliza Dios el ejemplo de Sara y nuestros propios «momentos como Sara» para enseñarnos sobre él?

Niña de Dios

Los discípulos se acercaron a Jesús y le preguntaron: —¿Quién es el más importante en el reino de los cielos? Él llamó a un niño y lo puso en medio de ellos. Entonces dijo: —Les aseguro que a menos que ustedes cambien y se vuelvan como niños, no entrarán en el reino de los cielos. Por tanto, el que se humilla como este niño será el más grande en el reino de los cielos.

MATEO 18.1-4

Los más grandes en tu reino, Señor, tendrán la fe de un niño. Los discípulos estaban concentrados en lo que podían lograr para ser los más grandes, pero tú les mostraste que es su fe lo que los hace grandes a tus ojos. Acercarme a ti como una niña significa confiar en ti como mi Padre celestial. Acercarme a ti como una niña significa descansar en tu cuidado. Significa buscarte para todas mis necesidades. Hoy me siento a tus pies como hija tuya. Amén.

REFLEXIONA:

Menciona algunos ejemplos en los que Dios toma lo más pequeño y lo hace grande.

Adorno interior

Que la belleza de ustedes no sea la externa, que consiste en adornos tales como peinados ostentosos, joyas de oro y vestidos lujosos. Que su belleza sea más bien la incorruptible, la que procede de lo íntimo del corazón y consiste en un espíritu suave y apacible. Esta sí que tiene mucho valor delante de Dios.

1 PEDRO 3.3-4

Dios, para la mayoría de las mujeres lo exterior es importante. Desde el cabello hasta los zapatos y todo lo demás, gastamos mucho tiempo, energía, dinero y pensamientos en cómo adornar nuestro físico. Aunque tú nos bendices con cosas hermosas, la verdadera belleza —una que durará más que las joyas más preciosas— reside en nuestros corazones. Un espíritu bello es algo precioso para ti, Dios. Que cada día me esfuerce más en embellecer mi espíritu que mi cuerpo. Quiero ser verdaderamente bella a tus ojos. Amén.

REFLEXIONA:

¿Por qué es bello un espíritu apacible y tranquilo?

Del cielo

. . . .

Pero digo estas cosas mientras todavía estoy en el mundo, para que tengan mi alegría en plenitud. Yo les he entregado tu palabra, y el mundo los ha odiado porque no son del mundo, como tampoco yo soy del mundo. No te pido que los quites del mundo, sino que los protejas del maligno.

JUAN 17.13-15

Un cuadrado entre lunares. Señor, como cristiana es natural sentirse fuera de lugar en el mundo. Una vez que creí en ti, mi verdadero hogar pasó a ser un futuro hogar en el cielo. Y aunque me *siento* fuera de lugar, el mundo debería *verme* como diferente: una hija del Rey con la misión de difundir tu amor, aunque se encuentre con el odio. Señor, tú sabías que tus discípulos, tú sabías que yo, experimentaríamos esto. Así que oraste. Pediste por nuestra protección. Oraste por nuestra alegría. Gracias por tus oraciones. Amén.

. . . .

REFLEXIONA:

¿Cuál es la oración de Cristo por ti?

Pequeña pero poderosa

Pero ningún hombre puede domar la lengua. Es un mal
turbulento y lleno de veneno mortal. Con ella bendecimos a
nuestro Señor y Padre, y con ella maldecimos a los hombres, que
han sido hechos a la imagen de Dios. De la misma boca proceden
bendición y maldición. Hermanos míos, esto no debe ser así.

SANTIAGO 3.8-10 NBLA

Los palos y las piedras pueden romperme huesos... y las palabras
pueden herir más a fondo. Dios, la lengua, y las palabras esta
articula, tiene un gran poder. Poder para el bien cuando bendigo
y oro y alabo, pero también poder para maldecir y hacer daño.
Cuando se me escapan malas palabras, la verdad de Santiago se
hace muy clara. ¿Quién puede domar la lengua? Solo tú. Utiliza
mi lengua para hablar de tu amor, de tu sanidad, con palabras que
penetren en el alma y la eleven. Que mis palabras estén siempre
en armonía con mi fe. Amén.

REFLEXIONA:

¿Necesitas pedirle a Dios que te ayude a domar tu lengua?

T-O-D-O

Estén siempre alegres, oren sin cesar, den gracias a Dios en toda situación, porque esta es su voluntad para ustedes en Cristo Jesús.

1 TESALONICENSES 5.16-18

Cuando leo estas palabras en 1 Tesalonicenses, Dios mío, parecen tan sencillas, y sin embargo llevarlas a cabo parece imposible. Estar *siempre* alegre. Orar *sin cesar*. Dar gracias *en toda situación*. ¿Cómo puede ser eso? ¿Cómo puedo hacerlo? Por ti. Por tu amor y tu salvación, cada momento es motivo de alegría. Por tu promesa de escucharme cuando clamo con fe, cada necesidad, cada respuesta, es una razón para no abandonar la oración. Por tu presencia, cada día puedo dar gracias, pase lo que pase. No seré perfecta, pero pon en mí un corazón para alegrarme, para orar, para dar gracias continuamente. Amén.

REFLEXIONA:

¿De qué manera pueden la alegría, la oración y la gratitud llegar a ser partes esenciales del día a día?

Pensamientos más elevados

Ya que han resucitado con Cristo, busquen las cosas de arriba, donde está Cristo sentado a la derecha de Dios. Concentren su atención en las cosas de arriba, no en las de la tierra, pues ustedes han muerto y su vida está escondida con Cristo en Dios. Cuando Cristo, que es la vida de ustedes, se manifieste, entonces también ustedes serán manifestados con él en gloria.

COLOSENSES 3.1-4

Cuando redimes mi vida en el momento de la salvación, Señor, me reservas un lugar en el cielo. Mi nueva vida está guardada contigo arriba, pero mi mente se queda atrás cuando mis pensamientos todavía se centran en esta vida. Es fácil desanimarse cuando tengo la vista puesta en el suelo y no en el cielo. Es fácil distraerme cuando mis ojos no están en ti. Señor, pon mi mente en las cosas de arriba. Que nunca pierda de vista mi nueva vida y mi futuro hogar. Amén.

REFLEXIONA:

¿Palidecen las decepciones de esta vida cuando se ven a la luz de la esperanza del cielo?

Espíritu valiente

Por eso te recomiendo que avives la llama del don de Dios
que recibiste cuando te impuse las manos. Pues Dios no nos ha
dado un espíritu de timidez, sino de poder, de amor
y de dominio propio.

2 TIMOTEO 1.6-7

Dios mío, tú quieres que sea valiente. Cuando uso el don que me has dado y camino en tu voluntad, me facultas, no con miedo, sino con poder, con amor. Lejos de ser una flor marchita, encogida en la sombra, puedo florecer. Puedo mantenerme firme, sabiendo que tú me has proporcionado todo lo que necesito para sobrellevar incluso los tiempos más duros. Puedo resplandecer viviendo y compartiendo tu amor. Así como Pablo le dijo a Timoteo que avivara su don, recuérdame cada mañana que cultive mi don. Que florezca con poder y amor. Amén.

REFLEXIONA:

¿Cómo puedes aportar una energía renovada al uso de tu don espiritual?

Limpieza a fondo

. . . .

Crea en mí, oh Dios, un corazón limpio, y renueva la firmeza
de mi espíritu. No me alejes de tu presencia ni me quites tu santo
Espíritu. Devuélveme la alegría de tu salvación; que un espíritu
obediente me sostenga.

SALMOS 51.10-12

Dios, sé lo bien que sienta la limpieza de primavera, reorganizar y renovar mi casa. Deshacerse de las telarañas y el polvo olvidados, dejar que entre una brisa fresca, eliminar el desorden y abrir el espacio... Mucho más importante es la «limpieza de primavera» que tú puedes hacer en mí. Barre el pecado para revelar un corazón limpio, Dios. Da tu aliento a mi vida para que pueda afrontar el día de hoy y los días venideros con un espíritu renovado. Haz que me abra a tu alegría, te lo ruego. ¡Qué bien sienta empezar de cero! Amén.

. . . .

REFLEXIONA:

¿Qué áreas de tu vida necesitan una pequeña limpieza de primavera?

El refugio de sus alas

- -

Con Sus plumas te cubre, y bajo Sus alas hallas refugio;
escudo y baluarte es Su fidelidad.

SALMOS 91.4 NBLA

Padre, en tu diseño has programado en nosotras el consuelo de un abrazo. Cuando un niño se cae y se raspa la rodilla o se despierta por la noche de una pesadilla, un abrazo puede calmarlo y hacerle saber que no está solo. Un abrazo significa pertenecer, estar envuelto en amor. Incluso los pájaros de tu creación conocen el poder de reunir a sus seres queridos. Como un ave acoge, guía y protege a los polluelos con sus alas amorosas, así tú, nuestro Padre celestial, envuelves a tus hijos, guiándonos y protegiéndonos con tu amor. Cúbreme hoy; deja que me esconda en tu cuidado. Amén.

- -

REFLEXIONA:

¿Ha habido momentos en tu vida en los que has sentido que el amor de Dios te rodea como alas donde refugiarte?

Algo más que palabras vacías

*Sean gratas las palabras de mi boca y la meditación de mi
corazón delante de ti, oh Señor, roca mía y Redentor mío.*

SALMOS 19.14

En los tiempos del Antiguo Testamento, Dios mío, los que te ado-
raban hacían sacrificios, muestras físicas de su devoción. Pedían
que los sacrificios fueran aceptados. Hoy, los cristianos somos
sacrificios vivos; es con nuestras vidas como mostramos adoración y devoción. Dios mío, ruego junto con el rey David que mis
«sacrificios» vayan más allá de lo físico. Quiero que la meditación
de mi corazón —en lo que se centra mi corazón— sea agradable
a ti. Entonces, desde una actitud de sacrificio del corazón fluirán
palabras de belleza, reflejos del Dios por el cual se sacrifica mi vida.
Que mis palabras y mi corazón sean aceptables a tus ojos. Amén.

REFLEXIONA:

¿Crees que a Dios le importa tanto tu interior como lo que los
demás oyen o ven?

El primer paso

Si confesamos nuestros pecados, Dios, que es fiel y justo, nos los perdonará y nos limpiará de toda maldad.

1 JUAN 1.9

Dios, gracias por el perdón. Debido a tu impresionante amor, elegiste no ignorarme y dejarme perecer en mi pecado, sino que me proporcionaste una salida, un camino hacia ti. Sin ti, Dios, no tengo futuro, pero contigo tengo vida. Gracias a la muerte y resurrección de tu precioso Hijo, elegí tu gracia salvadora. Ahora, como hija tuya, cuando el pecado me aborde, debo dar el primer paso. Debo confesar mi pecado... entonces, en tu fidelidad, tú perdonarás. Increíble. Que nunca dé por sentado tu perdón, sino que siempre busque tu ayuda cuando tropiece. Tú limpiarás la suciedad de mis rodillas y me pondrás de nuevo en el camino. Amén.

REFLEXIONA:

¿En la oración, olvidas a veces la confesión, asumiendo que Dios ha perdonado por defecto?

¿A dónde vas?

*Por la mañana hazme saber de tu gran amor, porque en ti he
puesto mi confianza. Señálame el camino que debo seguir,
porque a ti elevo mi alma.*

<small>SALMOS 143.8</small>

Padre, la dirección es importante en la vida. Norte, sur, este, oeste...
saber hacia dónde me dirijo me mantiene enfocada, me mantiene
en sintonía con tu voluntad. Pero soy humana. Mi brújula tiene
fallos y señala mis deseos, mi comodidad y mi bienestar como
el verdadero norte, incluso cuando el mejor camino podría ser el
opuesto. Necesito tu brújula, Padre. Cada mañana, al enfrentarme
a un nuevo día, concédeme el deseo de doblar las rodillas y pedir
tu dirección. Tú me amas, firmemente. Puedo confiar en ti, por
completo. Oriéntame en la dirección correcta, te lo ruego. Amén.

REFLEXIONA:

¿Alguna vez has sentido que la dirección de Dios está desviada,
pero luego has descubierto que él te llevaba con el rumbo adecuado?

Palabras sabias

. . . .

*En cambio, la sabiduría que desciende del cielo es ante todo
pura, y además pacífica, bondadosa, dócil, llena de compasión
y de buenos frutos, imparcial y sincera.*

SANTIAGO 3.17

Padre, si las mujeres somos supuestamente comunicadoras natas,
¿por qué estos problemas con el lado malo de la comunicación?
Chismes, contiendas, murmuraciones... usamos las palabras para
herir en lugar de curar, para exaltarnos a nosotras mismas en lugar
de a los demás. Queremos que nos oigan primero; tratamos de ser
refinadas cuando deberíamos ser sinceras. Aún podemos aprender
mucho sobre la comunicación. Podemos ser mucho *más sabias*
con nuestras palabras. Enséñanos, Padre. Al describir la sabiduría,
Santiago la calificó de *pura, pacífica, bondadosa, dócil, llena de
compasión y de buenos frutos, imparcial y sincera.* Es el lado hermoso de la comunicación. Quiero pensar en estas palabras antes de
hablar. Conviérteme en una comunicadora sabia, te lo ruego. Amén.

. . . .

REFLEXIONA:
¿Cómo puedes integrar en tus relaciones las palabras de Santiago
sobre la sabiduría?

Una mano que sostener

· ·

Porque yo soy el Señor, tu Dios, que sostiene tu mano derecha;
yo soy quien te dice: «No temas, yo te ayudaré».

ISAÍAS 41.13

Dios, cuando pienso en sostener la mano, me imagino cosas hermosas. Veo a un padre que tiende la mano a su hijo antes de cruzar una calle concurrida. Veo a dos personas enamoradas caminando una al lado de la otra. Veo las manos unidas para consolar y tranquilizar en tiempos de prueba. Veo manos juntas cuando se enfrentan a la oposición, y levantadas unidas en señal de triunfo. Pero más hermoso que todo esto es el pensamiento de que tú sostienes mi mano mientras guías mis pasos. Mientras derramas tu amor y tu aliento. Mientras me sostienes; mientras celebras conmigo. Tú, Dios mío, estás a mi lado, con mi mano agarrada. Amén.

· ·

REFLEXIONA:

¿Qué ha significado para ti la presencia de Dios en los momentos de dificultad y de alegría?

No hay paz estándar

La paz les dejo; mi paz les doy. Yo no se la doy a ustedes como la da el mundo. No se angustien ni se acobarden.

JUAN 14.27

Señor, he oído decir: «Ora por la paz». Yo oro por la paz, para que se alivien los conflictos y para que las almas heridas encuentren alivio. Pero también oro por tu paz en mi vida. Tu paz es profunda. Tu paz es una sensación de calma que te permitió dormir incluso durante una fuerte tormenta en el mar. Tu paz ofrecía seguridad en la voluntad de tu Padre, incluso cuando seguirla te llevaba a la angustia y a la cruz. Tu paz significa esperanza en situaciones desesperadas, consuelo durante el dolor, un futuro cuando todo parece perdido. Este tipo de paz solo viene de ti, Señor. Hoy necesito una dosis; por favor, confórtame con tu profunda paz. Amén.

REFLEXIONA:

¿En qué se diferencia la paz de Cristo de la del mundo?

Demostrar...

*De igual manera, ¿no fue declarada justa por las obras aun la
prostituta Rajab, cuando hospedó a los espías y les ayudó a huir
por otro camino? Pues, como el cuerpo sin el espíritu está muerto,
así también la fe sin obras está muerta.*

Santiago 2.25-26

Padre, desde fuera y a primera vista, Rajab no parece una mujer
llena de fe. Su ocupación es poco santa y miente para ayudar a los
mensajeros, pero en el fondo su fe es verdadera. Poniéndose en gran
peligro, toma una postura por ti. Ella sigue siendo un reflejo de la fe
vivida, un reflejo de cada mujer piadosa. Padre, el pecado es parte
de todos nosotros; y aunque tú aborreces el pecado, extiendes la
gracia a los pecadores. Te ruego que mi fe brille más que mi pecado
para que los que vean mi vida sepan que estoy viva en ti. Amén.

REFLEXIONA:

¿De qué manera puedes demostrar que tu fe es una fe viva?

... y cuenta

* *

—Ese soy yo, el que habla contigo —le dijo Jesús.
La mujer dejó su cántaro, volvió al pueblo y le decía a la gente:
—Vengan a ver a un hombre que me ha dicho todo lo que he
hecho. ¿No será este el Cristo?

JUAN 4.26, 28-29

Señor, confieso que la respuesta de la mujer samaritana me humilla y me desafía. Debido a su reputación, ella era una paria entre parias para el pueblo judío. Sin embargo, una vez que te acercaste a ella y te recibió, se atrevió a contar su historia. No se guardó lo que había recibido en su interior, sino que abandonó su cántaro de agua y fue enseguida a compartirlo con los demás. Demasiado a menudo me retraigo de contar cómo tú transformas continuamente mi vida. Perdóname, Señor. Dame coraje. No permitas que nada —ni mi pasado ni lo que está por venir— haga que me calle. Amén.

* *

REFLEXIONA:

¿En qué te pareces a la mujer samaritana? ¿Cómo puedes parecerte más a ella?

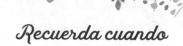

Recuerda cuando

* *

En el futuro, cuando sus hijos les pregunten: «¿Por qué están estas piedras aquí?», ustedes les responderán: «Porque el pueblo de Israel cruzó el río Jordán en seco». El Señor, Dios de ustedes, hizo lo mismo que había hecho con el Mar Rojo cuando lo mantuvo seco hasta que todos nosotros cruzamos.

JOSUÉ 4.21-23

Dios mío, la Biblia es un registro espléndido de lo que has hecho en la vida de los creyentes. Recordar tus poderosas obras nos mantiene en alabanza y en tu búsqueda, incluso en los momentos difíciles. Además de leer los relatos bíblicos, recuérdanos que, como familias y como comunidad, tenemos nuestra propia y rica historia que transmitir a nuestros hijos. Por favor, muéstranos formas de marcar los momentos en los que tú has acudido por nosotros. Hay muchos. Utiliza nuestros recuerdos para llenar a la siguiente generación con tu verdad, para que nunca la olviden. Amén.

* *

REFLEXIONA:

¿Qué acontecimientos o períodos de tu vida vas a preservar?

Hazme humilde

· ·

*Quien, siendo por naturaleza Dios, no consideró el ser igual
a Dios como algo a qué aferrarse. Por el contrario, se rebajó
voluntariamente, tomando la naturaleza de siervo y haciéndose
semejante a los seres humanos. Y, al manifestarse como hombre,
se humilló a sí mismo y se hizo obediente hasta la muerte,
¡y muerte de cruz!*

FILIPENSES 2.6-8

Señor, tú encarnas la humildad, algo que suena extraño en nuestra
cultura. En todas partes veo personas que valoran ser «mejores
que», que se preocupan por sí mismas antes que por los demás. Yo
soy culpable de la misma mentalidad más de lo que me gustaría
admitir, Señor. No es fácil dejar de lado el *yo*. En parte, eso es lo que
te hace extraordinario, tu amor inabarcable. Eres uno con Dios, y
sin embargo te «vaciaste», te humillaste, para que yo pudiera salir
adelante. Recuérdame tu gran humildad al abordar mis días vacía
de mí misma y dispuesta a servir. Amén.

· ·

REFLEXIONA:

¿Por qué es tan difícil ser verdaderamente humilde?

Despejar el ambiente

Por tanto, si estás presentando tu ofrenda en el altar, y allí te acuerdas que tu hermano tiene algo contra ti, deja tu ofrenda allí delante del altar, y ve, reconcíliate primero con tu hermano, y entonces ven y presenta tu ofrenda.

MATEO 5.23-24 NBLA

Rencores, rencillas, disputas... como quiera que los llamemos, y por muy justificados que estén, Padre, se interponen en el camino de la verdadera adoración. Tú lo sacrificaste todo para reconciliarnos contigo, para sanar una relación rota. ¿Por qué no vamos a hacer todo lo que esté en nuestras manos para corregir lo que está mal antes de alabarte? Acompaña mi corazón, Padre. No permitas que ignore el conflicto por orgullo o por un falso sentido de derechos. Tú sabes lo que es mejor para mí cuando me ciega la emoción. «Ve, reconcíliate», dijo Jesús. Que yo pueda hacer eso. Amén.

REFLEXIONA:

¿Necesitas hacer las paces con alguien hoy?

El hogar lejos del hogar

. . . .

En el hogar de mi Padre hay muchas viviendas; si no fuera así,
ya se lo habría dicho a ustedes. Voy a prepararles un lugar.
Y, si me voy y se lo preparo, vendré para llevármelos conmigo.
Así ustedes estarán donde yo esté.

JUAN 14.2-3

Hogar. Señor, esa palabra puede significar muchas cosas buenas.
Un lugar de pertenencia, un refugio seguro... es donde está el corazón. Pero este mundo puede arrancarnos el «hogar». Las familias
disfuncionales, los desahucios, los desastres naturales, el aumento
de las rentas de las viviendas... lamentablemente, nuestro hogar
en la tierra no siempre es tan bueno. Aunque no podemos contar
con la bendición de un hogar terrenal sólido, podemos contar con
tu promesa de un hogar glorioso futuro. Allí tendremos un lugar
más allá de lo que imaginamos. Allí estaremos en casa. Amén.

. . . .

REFLEXIONA:

¿Qué es lo que más esperas de tu llegada al cielo?

Esta pequeña luz

* *

Y si te ofreces a ayudar al hambriento, y sacias el deseo
del afligido, entonces surgirá tu luz en las tinieblas,
y tu oscuridad será como el mediodía.

Isaías 58.10 nbla

Dios, ¡quiero brillar! Este mundo es tan oscuro; hay tantas necesidades. Desde mi propio patio hasta lugares que nunca he visitado en todo el mundo, la gente está hambrienta de alivio y hambrienta de tu amor. Me duele el alma ante el dolor, pero a veces me siento impotente para ayudar. Pero no lo soy, Dios, no contigo para guiarme. Muestra mi desánimo como lo que es: una de las mentiras del diablo. Muéstrame cómo puedo iluminar los rincones oscuros con las bendiciones que has derramado sobre mí. Acompáñame mientras brillo, Dios. Amén.

* *

REFLEXIONA:

¿Cómo puedes brillar —aunque sea un destello— en la vida de los demás esta semana? ¿Este mes? ¿Este año?

Pan de vida

. . . .

*—Ciertamente les aseguro que no fue Moisés el que les dio
a ustedes el pan del cielo —afirmó Jesús—. El que da
el verdadero pan del cielo es mi Padre. El pan de Dios
es el que baja del cielo y da vida al mundo.*

JUAN 6.32-33

Gracias, Señor, por el verdadero pan. Al hablar del alimento que
tú proporcionas, primero les recordaste a los discípulos el maná
milagroso. Durante cuarenta años, el maná sostuvo la vida física
mientras los israelitas viajaban por el desierto. Pero con tu llegada
a la tierra surgió un poder aún mayor: el poder de Dios para la
vida eterna. El pan ordinario, incluso el sobrenatural maná, solo
satisface las necesidades temporales, pero tú, Señor, llenas las
almas a rebosar. Nunca tendré hambre contigo, el «pan de vida»
(Juan 6.35). Amén.

. . . .

REFLEXIONA:

¿Das las gracias antes de las comidas? ¿Cómo puedes empezar a
dar gracias a Dios cada día por el alimento espiritual que te da?

Para siempre, para Dios

· ·

*No hagan sus buenas obras delante de la gente solo
para que los demás los vean. Si lo hacen así, su Padre
que está en el cielo no les dará ningún premio.*

MATEO 6.1 DHH

Padre, los aplausos son dulces a nuestro oído. Ansiamos escuchar
un aplauso en respuesta a lo que hacemos. Aunque el estímulo
tiene su lugar, mi motivación para hacer el bien comienza y termina contigo, Padre. Mis ofrendas siguen siendo hermosas a tus
ojos si solo tú las ves. Mi victoria sobre la tentación sigue siendo
un motivo de celebración si solo los ángeles del cielo me animan.
Mis actos de bondad, mis oraciones susurradas y mi testimonio
son igual de poderosos sin aplausos. Mantenme concentrada en
ti, mi único público, cuando actúo con bondad. Tu aplauso es el
más querido de todos. Amén.

· ·

REFLEXIONA:

¿Qué mirada te importa más cuando haces cosas buenas?

La carne y Dios

Les daré un nuevo corazón, y les infundiré un espíritu nuevo;
les quitaré ese corazón de piedra que ahora tienen,
y les pondré un corazón de carne.

EZEQUIEL 36.26

Dios, me asombra la complejidad de tu creación, como la carne que me cubre y protege. La carne puede cambiar. Y al igual que los cortes que se curan, las cicatrices que se borran y los músculos que se fortalecen, con un corazón espiritual de carne, tú puedes sanarme, renovarme, hacerme crecer. Entras en mi vida y mi corazón cambia. Antes me resistía, ahora me rindo. Antes era indoblegable, ahora me abro a tu voluntad. Antes era dura, ahora respondo a tus amables indicaciones. Día a día, Dios, continúa trabajando en mi interior para que mi corazón sea un reflejo de ti. Amén.

REFLEXIONA:

¿Por qué es tan importante un corazón de carne en la vida de un cristiano?

No la mejor impresión

También muchos de los que habían creído continuaban viniendo, confesando y declarando las cosas que practicaban. Así crecía poderosamente y prevalecía la palabra del Señor.

HECHOS 19.18, 20 NBLA

Señor, a veces parece que estoy rodeada de fachadas. Ya sabes a qué me refiero: todo el mundo intenta presentar su mejor versión. Multitarea asombrosa, artista despreocupada, genio de los negocios, mujer maravilla... lo que sea que mostremos a los demás, rara vez es nuestro lado malo. Pero tú haces tu mejor obra en vidas caóticas e imperfectas. ¿Por qué tratamos de ocultar nuestro lado no tan bueno? Nuestros defectos, nuestros errores, nuestros miedos, nuestros pecados... Tú puedes utilizarlos para anunciar tu gracia. Concédeme el valor de compartir mi *verdadero* yo —el lado bueno y el malo— para que otros oigan hablar de ti a través de mí. Amén.

REFLEXIONA:

Cuando recuerdas los testimonios que has escuchado, ¿cuáles fueron los más impactantes?

El poder de la oración

. . . .

*Después de haber orado, tembló el lugar en que estaban
reunidos; todos fueron llenos del Espíritu Santo, y proclamaban
la palabra de Dios sin temor alguno.*

HECHOS 4.31

Padre, últimamente la vida me tiene muy ocupada y me he alejado
de la oración. Envío un rápido «Hola, adiós» y luego me pregunto
por qué no te siento obrar en mí. Hoy me arrodillo ante ti pidiendo
perdón. Tú mereces lo mejor de mí, no mis sobras. Y sorprendente-
mente, humildemente, tú, Dios todopoderoso, anhelas que yo, este
pequeño ser, esté en comunión contigo. Recuérdame el privilegio
de la oración. Recuérdame el *poder* de la oración. Tus discípulos
oraban y las paredes temblaban. Tus hijos oran y tu Espíritu Santo
se mueve entre nosotros. Padre, que la oración sea una fuerza vital
en mí, mi sangre vital. Amén.

. . . .

REFLEXIONA:

¿Cuándo has visto producir resultados poderosos a la oración?

Si los árboles hablaran

. . . .

Ahora pregunta a los animales, y que ellos te instruyan, y
a las aves de los cielos, y que ellas te informen. O habla
a la tierra, y que ella te instruya, y que los peces del mar
te lo declaren [...]. Que en Su mano está la vida de todo ser
viviente, y el aliento de todo ser humano.

JOB 12.7-8, 10 NBLA

Dios mío, el primer lugar al que acudo para aprender sobre ti es tu
santa Palabra. En ella has expuesto un glorioso resumen de quién
eres. Pero también te has plasmado en la naturaleza. Alza mis ojos
para ver tu creación, Dios. Las bestias y los pájaros y la tierra y el
mar ayudaron a Job a captarte en tiempos difíciles. Al detenerme a
reflexionar sobre lo que me rodea, yo también puedo percibirte. Tu
poder para renovar después de la ruina, tu esplendor, tu provisión,
tu diseño para la vida... Estás en todas partes, en todo. Te alabo,
Dios de todas las cosas. Amén.

. . . .

REFLEXIONA:

¿Cómo puedes pasar un tiempo experimentando a Dios a través
de la naturaleza?

Sin intermedios

* *

*Conozco tus obras; sé que no eres ni frío ni caliente.
¡Ojalá fueras lo uno o lo otro! Por tanto, como no eres ni frío
ni caliente, sino tibio, estoy por vomitarte de mi boca.*

APOCALIPSIS 3.15-16

Señor, no me gusta beber agua rancia y tibia. No es reconfortante
como algo caliente, ni refrescante como algo frío. Estos versículos
de Apocalipsis dicen que a ti no te gusta el cristianismo tibio. Se
encuentra en algún lugar entre la frialdad y el fuego por Dios, y su
superficialidad te disgusta. Quiero ser una cristiana de verdad, no
declararte Señor y luego vivir en la tibieza. Quiero ser una cristiana
ardiente. Lléname, aliméntame para que cada una de mis acciones
revele un fervor por ti. Amén.

* *

REFLEXIONA:

Si tu fe es tibia, ¿qué acciones —como sumergirte en la Biblia y la
oración— pueden calentar tu cristianismo?

Recíproco

* * * * * * * * * * * * * * * * * * * *

Con gran angustia comenzó a orar al Señor y a llorar
desconsoladamente. Entonces hizo este voto: «Señor
Todopoderoso, si te dignas mirar la desdicha de esta sierva
tuya, y si en vez de olvidarme te acuerdas de mí
y me concedes un hijo varón, yo te lo entregaré
para toda su vida, y nunca se le cortará el cabello».

1 Samuel 1.10-11

Señor, cuando oro por algo que deseo profundamente, por lo general no se me pasa por la cabeza ofrecértelo a ti. Pero eso es justo lo que hizo Ana. Ella quería desesperadamente un hijo. Lloró y oró por tu favor, y luego prometió devolverte lo que le entregaras. Un bello cuadro de la fe que comienza y termina en ti. Recibir y dejar ir con las manos abiertas... para orar con gratitud y para tu gloria. Señor, que lo que yo desee para mí esté siempre centrado en ti. Amén.

* * * * * * * * * * * * * * * * * * * *

REFLEXIONA:

¿Tienes en cuenta a Dios en tus peticiones de oración?

¡Toma una posición!

· ·

*Había dos parteras de las hebreas, llamadas Sifrá y Fuvá,
a las que el rey de Egipto ordenó: —Cuando ayuden a las hebreas
en sus partos, fíjense en el sexo: si es niño, mátenlo; pero,
si es niña, déjenla con vida. Sin embargo, las parteras
temían a Dios, así que no siguieron las órdenes del rey
de Egipto, sino que dejaron con vida a los varones.*

ÉXODO 1.15-17

Dios mío, Sifrá y Fuvá eran dos mujeres con agallas. ¿Tengo yo
el valor de hacer lo más atrevido, lo que me pone en riesgo para
honrarte? Aunque nunca me enfrente a una elección tan extrema
como la de estas matronas, mi vida está hecha de innumerables
oportunidades para elegirte a ti sobre el mundo. Acompáñame
como seguramente lo hiciste con Sifrá y Fuvá. Concédeme la valentía —en las decisiones cotidianas e incluso en las que se toman
una vez en la vida— de no acobardarme ni diluir mi fe, sino de
permanecer fiel a ti. Amén.

· ·

REFLEXIONA:

¿Por qué a menudo tememos más al hombre que a Dios?

Nuestro Padre celestial

*Pues ustedes no han recibido un espíritu de esclavitud
para volver otra vez al temor, sino que han recibido
un espíritu de adopción como hijos, por el cual clamamos:
«¡Abba, Padre!». El Espíritu mismo da testimonio a nuestro
espíritu de que somos hijos de Dios.*

ROMANOS 8.15-16 NBLA

¡Padre! ¡Abba! Mientras me inclino ante ti, Dios Todopoderoso, recuérdame que tú también eres Papá. En un milagro más allá de toda comprensión, me convertí en tu hija, y ahora me acerco y me siento a tus pies sin temor. Vengo a ti para que me guíes. Vengo a ti en busca de consuelo. Vengo a ti en busca de sinceridad, porque tú conoces lo más profundo de mí —lo agradable y lo que no lo es tanto— y me amas igual. Quédate aquí, Padre, los dos solos, hasta que sepa lo que significa oírte susurrar: «Hija mía». Amén.

REFLEXIONA:

¿Te cuesta ver a Dios como tu Padre celestial? ¿Qué te hace sentir cerca de él?

El uno, un número solitario

Más valen dos que uno, porque obtienen más fruto
de su esfuerzo. Si caen, el uno levanta al otro.
¡Ay del que cae y no tiene quien lo levante!

ECLESIASTÉS 4.9-10

Dios, nos has diseñado para estar en compañía. Adán trabajó en el jardín, pero tú sabías que necesitaba a alguien a su lado para compartir el trabajo. Ahí entra Eva. Tu diseño no ha cambiado con el paso del tiempo. Todavía necesitamos que otros caminen con nosotros, que trabajen a nuestro lado. Por orgullo o por miedo a ser una carga, ¿cuántas veces no pido ayuda, no busco a alguien que comparta la carga? No soy perfecta; ¡lo sé muy bien! Por favor, pon compañeras en mi vida para que me den una mano cuando esté deprimida, y ponme en el camino de otros para que yo pueda hacer lo mismo. Amén.

REFLEXIONA:

¿Cómo has visto la verdad de estos versículos en tu vida?

Perdonada

. . . .

No nos trata conforme a nuestros pecados ni nos paga
según nuestras maldades. Tan grande es su amor
por los que le temen como alto es el cielo sobre la tierra.
Tan lejos de nosotros echó nuestras transgresiones
como lejos del oriente está el occidente.

SALMOS 103.10-12

Señor, ¡cuánto necesitaba hoy la belleza de estas palabras! Cuánto necesitaba recordar su rico significado. Tú no amas un poco, ni perdonas una pizca; tú amas y perdonas inmensamente, tan alto como el cielo y tan lejos como el este del oeste. A menudo recibo tu perdón, pero el pecado se burla de mí, permaneciendo a la vista, y me pregunto si podrías amarme. Muestra esto como la mentira que es. Tú quitas mi pecado más allá de la vista; tú amas más allá de toda comprensión. Todo lo que puedo decir es gracias. Amén.

. . . .

REFLEXIONA:

¿Limitas el perdón de Dios? ¿Cómo puedes abrazar la verdad del salmo: que su perdón es completo?

Tener una amiga...

. . . .

Alégrense con los que están alegres y lloren con los que lloran.
Vivan en armonía unos con otros. No sean orgullosos, sino
pónganse al nivel de los humildes. No presuman de sabios.

ROMANOS 12.15-16 DHH

¿Por qué la amistad parece a veces tan complicada, Señor? Las amistades deberían ser fuentes de apoyo y alegría, pero a menudo el conflicto y el dolor las envuelven. En lugar de descansar en su bendición, nos esforzamos bajo su peso. Señor, leo las palabras de Romanos y empiezo a pensar que el problema comienza en mí, en cada uno de nosotros como individuos. ¿Estoy abordando la amistad con un enfoque equivocado? Si mi deseo es primero *ser* una amiga y no solo *recibir* amistad, entonces mis relaciones tienen la oportunidad de florecer. Cuando pase tiempo con mis amigas esta semana, vuelve a centrarme en ellas, Señor. Amén.

. . . .

REFLEXIONA:

¿Cómo cambiarían tus amistades si pasaras más tiempo simplemente estando presente para tus amigos?

Nunca abandonada

. . . .

Como a las tres de la tarde, Jesús gritó con fuerza:
—Elí, Elí, ¿lama sabactani? (que significa: «Dios mío, Dios mío,
¿por qué me has desamparado?»).

MATEO 27.46

Señor, con demasiada frecuencia pienso que la cruz es solo física. Tú tomaste mi lugar y sufriste la brutalidad que yo debería haber sufrido por mi pecado. Pero más que las manos atravesadas por los clavos y la agónica muerte, tú experimentaste el abandono de Dios. Soportaste un dolor inimaginable por un amor sin límites. Gracias a ti, nunca conoceré el coste del pecado, nunca sentiré que Dios me da la espalda... Decir gracias nunca será suficiente, Señor. Por eso, con humildad, te ofrezco mi vida. Cuando tenga la tentación de dar la espalda y seguir mi voluntad en lugar de la tuya, recuérdame el coste que nunca pagaré. La obediencia es un precio muy pequeño en comparación. Amén.

. . . .

REFLEXIONA:

¿Qué te motiva a seguir siendo fiel a Dios?

Fe de 24 quilates

Para que la prueba de la fe de ustedes, más preciosa
que el oro que perece, aunque probado por fuego,
sea hallada que resulta en alabanza, gloria
y honor en la revelación de Jesucristo.

1 PEDRO 1.7 NBLA

Padre, estoy en medio de problemas y es difícil pensar con claridad. Es difícil confiar en que obtendré algo bueno de algo que parece desgarrarme. Pero ya he pasado por aguas turbulentas. Mirando hacia atrás, puedo ver dónde he crecido, dónde se ha profundizado mi fe. Sé que también superaré estos tiempos difíciles con una fe más preciosa y duradera que el oro. Sé que mi recompensa completa está aún por llegar. Por ahora, que pueda prosperar en la seguridad de la fe, incluso en medio de los problemas. Amén.

REFLEXIONA:

¿Cómo han hecho las pruebas que estés más segura que nunca de tu fe?

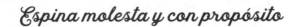

Espina molesta y con propósito

Una espina me fue clavada en el cuerpo, es decir, un mensajero de Satanás, para que me atormentara [...]. Tres veces le rogué al Señor que me la quitara; pero él me dijo: «Te basta con mi gracia, pues mi poder se perfecciona en la debilidad».

2 CORINTIOS 12.7-9

Señor, creo que puedo identificarme con Pablo. Hay algo en mi existencia que me dificulta la vida. Clamo a ti una y otra vez para que lo elimines... pero tú tienes un objetivo mayor en mente. Hay un propósito en esta circunstancia. Ayúdame a ver el *porqué*. ¿Qué debo aprender? Por favor, no permitas que olvide nunca que, aunque permitas que las dificultades permanezcan, tú no me abandonas para que las resuelva yo sola. Tu gracia siempre está presente. Tu gracia siempre es suficiente. Que tu gloria brille a través de mí, Señor. Amén.

REFLEXIONA:

¿Cuál podría ser el propósito de una situación difícil en tu vida en este momento?

No te preocupes

· ·

Tampoco queremos, hermanos, que ignoréis acerca
de los que duermen, para que no os entristezcáis
como los otros que no tienen esperanza. Porque si creemos
que Jesús murió y resucitó, así también traerá Dios
con Jesús a los que durmieron en él.

1 TESALONICENSES 4.13-14 RVR1960

Padre, las palabras se quedan vacías a la hora de describir lo que significa la muerte de un ser querido. Alguien que antes estaba cerca de
nosotros se ha ido. Pero, mientras lloramos nuestra pérdida, derrama
en nosotros la verdad de las palabras de estos versículos: ¡tenemos
esperanza en ti! Puede que haya lágrimas, pero se mezclarán con
la promesa de la vida eterna. Nuestro dolor, aunque profundo, es solo
temporal, porque en el cielo nuestro ser querido volverá a estar cerca,
para siempre. No habrá más lágrimas, sino alegría eterna. Esperamos
ese día, Padre, con esperanza, no con tristeza. Amén.

· ·

REFLEXIONA:

¿Cómo es el duelo con esperanza?

Hagas lo que hagas

. . . .

Ya sea que coman o beban o hagan cualquier otra cosa, háganlo
todo para la gloria de Dios. No hagan tropezar a nadie, ni a
judíos, ni a gentiles ni a la iglesia de Dios. Hagan como yo,
que procuro agradar a todos en todo. No busco mis propios
intereses, sino los de los demás, para que sean salvos.

1 CORINTIOS 10.31-33

Señor, tengo la sensación de haber crecido en una cultura que gira en torno a la libertad personal: «lo que me conviene» en lugar de «lo que te beneficia». Los seres humanos podemos ser muy egocéntricos, incluida yo misma. Pero tú le das la vuelta a esta mentalidad. Desde el momento en que naciste, tu agenda estaba centrada en los demás. Admito que no es fácil, Señor. Te necesito para conseguirlo. Mantenme centrada en el exterior. Ayúdame a ver cómo son esas pequeñas cosas que parecen tan importantes: son solo motas a la luz de tu gran salvación. Amén.

. . . .

REFLEXIONA:

¿Con qué frecuencia tienes en cuenta a los demás —y a Dios— en las decisiones personales que tomas?

Lo básico de la oración

*Un día estaba Jesús orando en cierto lugar. Cuando terminó,
le dijo uno de sus discípulos: —Señor, enséñanos a orar,
así como Juan enseñó a sus discípulos.*

LUCAS 11.1

Señor, de las muchas cosas que los discípulos podrían haberte pedido que les enseñaras, te preguntaron cómo orar. ¿Cómo se habla con Dios? Tu respuesta es hermosa en su sencillez, y sigue siendo un modelo para mis oraciones de hoy. Así que al arrodillarme ante Dios, mi Padre, ofreceré mi alabanza. Me rendiré a su voluntad. Pediré que sean satisfechas las necesidades; pediré que sean perdonadas las deudas espirituales. Me comprometeré a tratar a los demás como Dios me trata a mí. Pediré una vida libre de la atracción del pecado. Señor, gracias por tus palabras que me guían en la oración. Amén.

REFLEXIONA:

Lee la oración de Cristo en Mateo 6 y Lucas 11. ¿Qué te enseña sobre la oración?

¡Dios, por favor!

Porque ¿busco ahora el favor de los hombres o el de Dios?
¿O me esfuerzo por agradar a los hombres? Si yo todavía
estuviera tratando de agradar a los hombres,
no sería siervo de Cristo.

GÁLATAS 1.10 NBLA

Dios, tu voluntad a menudo va a contracorriente de la sociedad. Lo que me pides que haga puede parecerles absurdo a los no creyentes. Pero tú eres mucho más sabio que el mundo. Tú ves claramente todo lo que está por venir, y tienes en mente el mejor camino para guiarme. Es a ti a quien debo mi lealtad y donde busco mi aprobación. Pero, Dios mío, sigo luchando por complacer a la gente. Quiero encajar. En esos momentos en los que siento que me inclino hacia el mundo, llévame de vuelta a ti. Recuérdame todo lo que sé que es verdad. Tú eres el Señor, y yo te complaceré. Amén.

REFLEXIONA:

¿Cómo cambian tus decisiones cotidianas cuando te conviertes en una persona que complace a Dios?

Ordenado

· ·

Porque Dios no es un Dios de desorden, sino de paz [...].
Pero todo debe hacerse de una manera apropiada
y con orden.

1 CORINTIOS 14.33, 40

Dios, el modelo de orden de Pablo para la iglesia de Corinto puede servir igualmente como modelo para la vida cotidiana. Sin tu carácter fluyendo a través de todo lo que la iglesia hizo, habría habido poco beneficio para el evangelio. Que tu naturaleza se reflejara en los corintios era vital entonces, y sigue siendo vital para mí ahora. Sé muy bien cómo es la confusión: nubla mi pensamiento y desdibuja mi propósito. No soy tan fructífera en el caos, Dios. Acaba con la confusión, por favor. Deja que todo encaje en su lugar. Ayúdame a ordenar mis días para que pueda dar lo mejor de mí... para que pueda reflejarte mejor a ti. Amén.

· ·

REFLEXIONA:

¿En qué aspectos puedes traer más armonía de Dios a tu vida?

No lo olvides

No sea que cuando hayas comido y te hayas saciado, y hayas
construido buenas casas y habitado en ellas, y cuando tus vacas
y tus ovejas se multipliquen, y tu plata y oro se multipliquen,
y todo lo que tengas se multiplique, entonces tu corazón se
enorgullezca, y te olvides del SEÑOR tu Dios.

DEUTERONOMIO 8.12-14 NBLA

Padre, quiero tomarme a pecho esta advertencia; que la verdad que indican estas palabras nunca se convierta en el patrón de mi vida. Porque es tan cierto, tan humillante, tan aterrador… Cuanto más llenen mi vida esas cosas, más probable es que te ignore. Perdóname por esos momentos. Nada es más valioso que tú. Todo viene de ti. Te agradezco por las muchas bendiciones que me has dado. Utilízalas para dirigirme a ti y apaga mi orgullo por lo que yo consigo. Amén.

REFLEXIONA:

¿Por qué a veces las posesiones desplazan a Dios y dejan espacio al orgullo?

Aprovecha el día

Por lo tanto, cuiden mucho su comportamiento. No vivan
neciamente, sino con sabiduría. Aprovechen bien este momento
decisivo, porque los días son malos. No actúen tontamente;
procuren entender cuál es la voluntad del Señor.

EFESIOS 5.15-17 DHH

Padre, es tan fácil dejarse envolver por el día a día, tan fácil dejarse llevar por las emociones y decidir ir en una dirección u otra, hacer una cosa u otra, sin verte a ti en el proceso. Tú me ofreces tu sabiduría y dirección. ¿Por qué no acudo a ti más a menudo? Solo tengo un número determinado de días para vivir tu voluntad aquí en la tierra. Ayúdame, como dice tu Palabra, a aprovecharlos al máximo. No quiero desperdiciar las oportunidades de ser testigo tuya. No quiero desviarme de tus propósitos. Quiero detenerme primero y pensar en ti antes de avanzar. Amén.

REFLEXIONA:

¿Qué te distrae del objetivo de vivir cada momento para Dios?

Una fe muy pequeña

* *

*—Por la poca fe que tienen —les respondió—. Les aseguro que,
si tuvieran fe tan pequeña como un grano de mostaza, podrían
decirle a esta montaña: «Trasládate de aquí para allá», y se
trasladaría. Para ustedes nada sería imposible.*

MATEO 17.20

Dios, no importa el tamaño de mi fe, tú tienes el poder de realizar
grandes cosas en mí y a través de mí. Cuando estoy en tu voluntad,
nada es imposible para mí porque nada es imposible para ti a la
hora de cumplir tus propósitos. Lo que parece ser una montaña
en mi vida es solo un montículo a tus ojos. Ese pecado con el que
lucho... una amiga a la que me da miedo testificarle... las veces que
este mundo pone en duda mis creencias y me siento débil para
permanecer arraigada en ti... Con tu poder puedo mover «montañas». Por favor, ¡no permitas que lo olvide! Amén.

* *

REFLEXIONA:

¿Qué obstáculos puedes afrontar con una nueva confianza cuando
interiorizas las palabras de Cristo en Mateo?

Transformador de mentes

. . . .

Moisés intentó apaciguar al Señor su Dios, y le suplicó:
—Señor, ¿por qué ha de encenderse tu ira contra este pueblo tuyo,
que sacaste de Egipto con gran poder y con mano poderosa?
Entonces el Señor se calmó y desistió de hacerle a su pueblo
el daño que le había sentenciado.

ÉXODO 32.11, 14

¡Dios, qué pensamiento tan sorprendente! Tú escuchas a los creyentes. Oyes lo que susurro en mi corazón o grito en voz alta. Como un buen padre, no siempre haces lo que digo, pero recibes mis oraciones. Y a veces, como experimentó Moisés, cambiarás de opinión. Incluso en situaciones desesperadas, recuérdame que nunca deje de *pedir*... que nunca deje de acercarme a ti con reverencia y fe. Tú siempre harás lo mejor. Gracias por ser un Dios tan asombroso. Amén.

. . . .

REFLEXIONA:

¿El ejemplo de Moisés te da un sentido renovado del poder de la oración?

Vale más

. . . .

Vale más pasar un día en tus atrios que mil fuera de ellos;
prefiero cuidar la entrada de la casa de mi Dios que habitar
entre los impíos. El Señor es sol y escudo; Dios nos concede
honor y gloria. El Señor brinda generosamente su bondad
a los que se conducen sin tacha. Señor Todopoderoso,
¡dichosos los que en ti confían!

SALMOS 84.10-12

Padre, este mundo es lo único que realmente conozco. Tengo la promesa del cielo, pero hasta entonces mi realidad es el aquí y el ahora. Cuando me sienta tentada a tomar decisiones basadas únicamente en el día de hoy, háblale de la verdad de este salmo a mi corazón. Un día contigo es mejor que mil en cualquier otro lugar. Tus bendiciones superan todo lo que este mundo puede ofrecer. Que nunca me quede sin llegar a experimentar la promesa. Amén.

. . . .

REFLEXIONA:

¿Influye la falta de visión en tu forma de vivir para Dios, es decir, en vivir el momento en lugar de vivir para la eternidad?

En una misión

Cuando lo vieron sus padres, se quedaron admirados. —Hijo, ¿por qué te has portado así con nosotros? —le dijo su madre—. ¡Mira que tu padre y yo te hemos estado buscando angustiados! —¿Por qué me buscaban? ¿No sabían que tengo que estar en la casa de mi Padre?

LUCAS 2.48-49

Señor, a veces me siento perdida en cuanto a dónde debería estar y qué debería hacer por ti. Me parezco más a María —angustiada, sin ver el panorama general— cuando tú sabías con precisión cuál era tu propósito y cómo debías hacerlo. Nunca tendré tu clara visión yo sola, Señor. Por favor, revela tu plan en tu tiempo. Impúlsame hacia el *dónde* y el *qué*. Al final de cada día, y al final de mi vida, quiero ser hallada haciendo la voluntad de mi Padre. Amén.

REFLEXIONA:

¿Tienes confianza en tu llamado? Si no es así, ¿cómo puedes sacar tiempo para buscar la dirección de Dios?

Por encima y más allá

Si alguien te obliga a llevarle la carga un kilómetro,
llévasela dos. Al que te pida, dale; y al que quiera tomar
de ti prestado, no le vuelvas la espalda.

MATEO 5.41-42

Señor, me llamas a ser parca en rencores y generosa en el amor. Tú sabes que a veces lucho con esto. Mi defecto es proteger mis propios intereses, sobre todo cuando alguien me trata mal. Ayúdame a modelar mi carácter según el tuyo. Tú eres el mejor ejemplo de respuesta sacrificada. Fuiste condenado y maltratado, pero no escatimaste nada, ni siquiera tu vida, para beneficiar a los que te clavaron en la cruz. Acompáñame mientras ando la milla extra, mientras doy a manos abiertas, tal como tú lo hiciste por mí. Amén.

REFLEXIONA:

¿Por qué es tan difícil poner la otra mejilla cuando alguien nos hace daño? ¿De qué maneras el ejemplo y la presencia de Cristo te permiten hacerlo?

Como una secuoya

* *

Por tanto, de la manera que recibieron a Cristo Jesús
el Señor, así anden en Él; firmemente arraigados
y edificados en Él y confirmados en su fe, tal como
fueron instruidos, rebosando de gratitud.

COLOSENSES 2.6-7 NBLA

Señor, cuando me dirigí a ti por primera vez, mi nueva vida era como un arbolito. Con raíces poco profundas, habría sido fácil arrancarlo. Pero tú me has hecho crecer a través de tu Palabra y de tu tierno cuidado. Seguiré creciendo contigo, Señor. Quiero que cada día mis raíces espirituales sean aún más profundas. Las secuoyas no son fáciles de arrancar... y tampoco lo es una vida plantada firmemente en ti. Es capaz de soportar los vientos más duros; es un hermoso reflejo de ti. Gracias por todo lo que haces para mantenerme enraizada. Amén.

* *

REFLEXIONA:

¿Qué haces para permanecer enraizada en Cristo?

Un buen nombre

Había en Jope una discípula llamada Tabita.
Esta se esmeraba en hacer buenas obras
y en ayudar a los pobres.

HECHOS 9.6

Padre, a veces me pregunto qué recordarán los demás de cómo he vivido. Espero construir una reputación como la de Tabita. Qué hermoso ser conocida por hacer el bien, y no solo un poco; estaba *llena* de caridad. Las viudas lloraron a su muerte, recordando todo lo que había hecho. Más hermoso que esto es la realidad de que tú utilizaste su vida para llevar a otros a la fe. Padre, lléname del deseo de tender la mano con bondad, de dejar que mi vida hable de tu verdad. Que se diga de mí que estuve llena de buenas obras, que, por tu obra en mí, otros creyeron. Amén.

REFLEXIONA:

¿De qué manera te pareces, o puedes parecerte, a Tabita?

Un momento así

Mandó a decirle: «... Si ahora te quedas absolutamente callada, de otra parte vendrán el alivio y la liberación para los judíos, pero tú y la familia de tu padre perecerán. ¡Quién sabe si no has llegado al trono precisamente para un momento como este!».

ESTER 4.13-14

Dios, tú tienes planeado hasta el último detalle. No importa lo confuso que sea este mundo, puedo descansar sabiendo que tu plan se desarrollará perfectamente. Y, en lugar de trabajar solo desde el cielo, incluyes a tus hijos en lo que hace avanzar tu plan aquí en la tierra. Incluso en mi debilidad, puedes utilizarme. Me tienes justo donde necesito estar para encajar en tu plan, perfectamente. Cuando dude en actuar —cuando esté a punto de callar como Ester— recuérdame el honor y la bendición de arriesgarlo todo por ti. Amén.

REFLEXIONA:

¿En qué has visto el tiempo perfecto de Dios en tu vida? ¿Y en la de otros?

Prendas básicas

* *

*Manténganse firmes, ceñidos con el cinturón de la verdad,
protegidos por la coraza de justicia, y calzados con la
disposición de proclamar el evangelio de la paz. Además de
todo esto, tomen el escudo de la fe, con el cual pueden apagar
todas las flechas encendidas del maligno. Tomen el casco de la
salvación y la espada del Espíritu, que es la palabra de Dios.*

EFESIOS 6.14-17

Dios, al vestirme cada mañana, no me dejes salir por la puerta
antes de ponerme mis «accesorios» más importantes. Más que un
adorno, tu armadura es esencial. Sin ella, estoy al descubierto ante
el ataque de Satanás, el mal que intenta obstaculizar mi camino
contigo. Pero con ella estoy lista para afrontar el día, no solo con
estilo, sino con tu verdad, justicia, paz, fe, salvación y palabra. Amén.

* *

REFLEXIONA:

¿Cómo te equipa la armadura de Dios para las batallas espirituales
diarias contra Satanás?

Mira adelante

* *

Lot llegó a Zoar cuando estaba amaneciendo. Entonces
el Señor hizo que cayera del cielo una lluvia de fuego
y azufre sobre Sodoma y Gomorra. Pero la esposa de Lot
miró hacia atrás, y se quedó convertida en estatua de sal.

GÉNESIS 19.23-24, 26

Dios mío, cuando me llamas a una nueva vida en ti, me llamas a dejar atrás mi vieja vida de pecado, ¡por mi bien! Aunque en la superficie el pecado es atractivo, también es mortal. Por medio de la obediencia saldré adelante. Si Satanás me tienta a mirar hacia atrás con nostalgia, mantén mis ojos clavados en ti, Dios. Mirar adelante, hacia la eternidad contigo, vale mucho más que cualquier mirada atrás. Al «renunciar» al pasado solo puedo salir ganando. Amén.

* *

REFLEXIONA:

¿Cómo ayudan la oración y el tiempo dedicado a la Palabra de Dios a disminuir el impulso a la desobediencia?

Memoria de elefante

¿Puede una mujer olvidar a su niño de pecho, sin compadecerse del hijo de sus entrañas? Aunque ella se olvidara, yo no te olvidaré. En las palmas de Mis manos, te he grabado.

ISAÍAS 49.15-16 NBLA

Señor, tú has diseñado un vínculo de amor entre madre e hijo. Después de nueve meses de embarazo y luego de años de tiernos cuidados mientras el niño crece, una madre no es capaz de olvidar. *Parece* impensable. Tu promesa de recordar a tus hijos va aún más allá. *Es* impensable; tú nunca olvidarás, Señor. Cuando me siento insignificante, uno de tantos miles de millones perdidos en la multitud, tú te sigues acordando de mí. Soy preciosa para ti, tanto que moriste en la cruz para darme vida. Que nunca olvide tu amor. Amén.

REFLEXIONA:

¿Las palabras de Isaías cambian cómo te ves?

¡Celebra!

*Entonces Miriam la profetisa, hermana de Aarón, tomó
una pandereta, y mientras todas las mujeres la seguían
danzando y tocando panderetas, Miriam les cantaba así:
Canten al Señor, que se ha coronado de triunfo
arrojando al mar caballos y jinetes.*

ÉXODO 15.20-21

Señor, estos versículos levantan el ánimo. Casi puedo sentir la
celebración de estas palabras. Tú trajiste la victoria, y Miriam y
las demás mujeres estaban listas para alegrarse. Aunque desafine,
es hora de que te cante, Señor. Hoy y cada día es una oportunidad
para alabar todo lo que has hecho, y lo que todavía tienes que hacer.
Levantaré mi voz en una canción; danzaré con alegría. Porque tú
eres glorioso, Señor. Tú eres glorioso. Amén.

REFLEXIONA:

¿Cuándo fue la última vez que te dejaste llevar y celebraste a Dios
a través de la música o la danza?

A modo de ejemplo

· ·

Por tanto, también nosotros, que estamos rodeados de una
multitud tan grande de testigos, despojémonos del lastre que nos
estorba, en especial del pecado que nos asedia, y corramos con
perseverancia la carrera que tenemos por delante.

HEBREOS 12.1

Padre, gracias por tantas personas que muestran lo que significa
seguirte cada día. Gracias por darme tu Palabra ejemplos de fe
vivida. No es ningún secreto que el camino de la fe está lleno de
dificultades. Cuando me agoto, te miro a ti; ¡miro a tu presencia
en aquellos que me han precedido y han brillado! Estoy en la carrera, Padre. Muéstrame qué es lo que me enreda, lo que me hace
tropezar. Estoy decidida a correr lo mejor posible por ti. Y sé que
tú me animas a cada paso que doy con fe. Amén.

· ·

REFLEXIONA:

¿Quiénes están en tu propia «nube de testigos»? ¿Cómo te mo-
tivan sus vidas?

A aquel

- -

Y a aquel que es poderoso para guardaros sin caída, y presentaros sin mancha delante de su gloria con gran alegría, al único y sabio Dios, nuestro Salvador, sea gloria y majestad, imperio y potencia, ahora y por todos los siglos. Amén.

JUDAS 24-25 RVR1960

Señor Dios, hoy me arrodillo con las palabras del libro de Judas en mi mente como un hermoso reflejo de la oración en mi propia alma, porque cada vez me doy más cuenta de que tú lo eres *todo* para mí. Sin ti tropezaría, pero tú me sostienes. Sin ti no tendría esperanza en el cielo, pero tú me ofreces gracia; me presentarás en la eternidad con tu justicia como si fuera la mía, y no a disgusto, sino con *desbordante alegría*. ¡Qué pensamiento tan asombroso! Dios, solo tú eres digno de toda la gloria, de toda la majestad, de todo el dominio, de todo el poder, por todos los siglos. Amén.

- -

REFLEXIONA:

¿Cómo puedes honrar a Dios por todo lo que significa para ti?

Índice de referencias bíblicas